ORIGINALITÉS PHILOSOPHIQUES

de G. VERTUE

RÉUNIES, REVUES & RENFORCÉES

L'Humanité chez Elle... et chez Dieu

par M. d'ARC

1902

L'Humanité

chez Elle...

et chez Dieu.

ORIGINALITÉS PHILOSOPHIQUES

de G. VERTUE

RÉUNIES, REVUES ET RENFORCÉES

L'Humanité chez Elle... et chez Dieu.

par M. d'ARC

1902

DE L'AUTEUR AU LECTEUR

On assure que le « moi » est pédant chez un écrivain et que celui-ci doit employer le « nous ».

Le contraire, cependant, est admis chez un orateur.

L'indécision a donc divisé le présent ouvrage en deux parties, dont chacune a donné asile à l'une des deux locutions en cause.

L'AUTEUR.

INTRODUCTION

L'auteur de cet ouvrage était un ami intime de G. Vertue qui n'en avait qu'un.

G. Vertue a écrit : « Fantasmagories psychologiques », ainsi que « Pelle mêle critiques ». C'était un grand penseur mais un faible écrivain.

C'était un inconnu qui explora l'Eternel, mais en relata trop brièvement la nature dans les deux ouvrages précités.

Il a étreint la Grandeur et embrassé l'Immense.

Il a palpé l'Infime et saisi l'infiniment Petit.

Son imagination s'est précipitée dans les Gouffres et plongée dans les Enfers.

Elle a escaladé les Etoiles et envahi le Ciel.

Elle est parvenue jusqu'aux plus extrêmes limites que puisse atteindre une imagination humaine.

C'était trop pour espérer ensuite se faire facilement comprendre.

J'espère être plus heureux.

M. D'ARC.

PRÉAMBULE

La plus grande partie de cet ouvrage est composée de théories étranges et inédites.

Des contradictions évidentes, des affirmations inconséquentes, des propositions extravagantes sembleront telles dans le cours d'une première lecture.

Une deuxième les fera considérer comme nécessaires.

Et, si le lecteur est disposé à développer, en son imagination, les théories ébauchées par l'auteur, il se fera une autre conception de son existence passée, présente et future; ainsi qu'une idée plus précise de la vie universelle.

L'âme d'un Christ, le cerveau d'un Galilée, ou l'intelligence d'un Darwin, ne lui seront pas absolument nécessaires pour cela.

Il comprendra ou, tout au moins, il admettra que l'Infini existe dans le Petit comme dans le Grand, même avec l'aide seule de la simple arithmétique.

Il admettra que notre Planète n'est qu'un animal.

Il admettra que le Soleil ne nous éclaire pas lui-même.

Il admettra que toutes nos maladies n'ont qu'une cause — toujours la même.

Il admettra qu'une couleur est vue, différente par chaque individu.

Il admettra que, dans une filière animale, la nécessité vitale peut transformer une hyène en écureuil plus rapidement qu'un écureuil en ouistiti et qu'un sanglier ne produira pas toujours un porc dans les successions de ses générations.

Il admettra que l'Univers se compose d'une matière unique et indivisible.

Il admettra également toutes les autres propositions émises.

Puis il comprendra que la science humaine actuelle n'est basée que sur des points de repère instables, et non sur un principe immuable, extrait d'une même origine ; et j'espère que, contrairement au médecin qui ne guérit pas, mais transforme ou déplace la maladie, les théories incluses feront une impression, sinon immédiate, du moins indélébile, et qui se transmettra par atavisme chez nos futures générations.

M. D'ARC.

Première Partie

L'ASTRONOMIE

Une fort jolie rose s'épanouissait dans le jardin de maître Bonneton, petit rentier, lequel venait, à heures fixes, l'envelopper une seconde de son regard d'amateur satisfait.

Une douzaine de visites quotidiennes, régulièrement espacées, lui permettaient de suivre, d'heure en heure, son éclosion.

Malgré cette sollicitude, il n'aperçut point, et pour cause, une toute petite tache d'un millimètre de circonférence se produire, un jour, au sommet de l'un de ses pétales.

Ah ! si son regard eût été 874 milliards de fois plus perçant, il aurait vu très distinctement fourmiller, là, tout un peuple ; et quel peuple !

Moi qui l'ai vu, en me procurant le regard nécessaire, j'ai reconnu, avec étonnement, notre espèce humaine actuelle ; avec ses monuments, ses usines, ses chemins de fer, ses navires, ses ballons, ses réseaux télégraphiques, ses mines de charbons, ses chiens, ses puces, ses académiciens, ses astronomes.. ..

Car il avait ses astres, ce petit peuple, dont la vie individuelle durait une de nos secondes.

Mon regard pénétra dans le grand observatoire de leur capitale pour voir discourir, en chaire, l'un de leurs plus savants astronomes.

Il entretenait son auditoire d'expériences faites 2000 ans auparavant, sur la grandeur, la pesanteur et la densité d'un astre qui s'approchait de leur ciel, et à la portée de leurs plus puissants télescopes, tous les 2000 ans, précisément.

Cet astre, fort brillant, et annelé singulièrement devait reproduire son image dans l'Espace, car on en avait distingué vaguement un semblable à une grande distance, mais moins lumineux.

Or, on était justement vers l'époque où devait se renouveler ce fameux passage, invisible à l'œil nu, mais visible au télescope, pendant de longues années.

On ne vit rien, hélas ! cette fois-ci.

Maître Bonneton, qui voyait déjà fort peu de l'œil gauche, gardait maintenant la chambre pour une cataracte qui venait de se déclarer à l'œil droit !

LE GROS LOT

Le 16 mars 18..., à Lyon, j'errais à l'aventure sur la place Bellecour, admirant le magnifique coteau de Fourvière qui la domine, lorsque je vis un inconnu, bien vêtu, adossé tristement contre la barrière en fer qui entoure la statue équestre et césarienne de Louis XIV.

Son regard désolé fixait inconsciemment la croix d'or qui surplombait le clocher de l'église de la Charité.

Intrigué, je lui offris mes consolations, car les larmes perlaient dans ses yeux.

Il me remercia, tout en m'assurant que je ne pouvais rien; mais il me fit part, néanmoins, du motif de son désespoir.

Pressé par une échéance inattendue, il avait vendu, quelques jours auparavant, une obligation de la Ville de Paris dont le numéro était sorti la veille même, et gagnait 100.000 francs,

Je répondis à ce désespéré que, s'il eût gardé son titre, il ne fût point sorti à ce tirage.....

Abasourdi, il me pria de lui dire pourquoi.

Alors, fouillant parmi les événements disparus, je le renseignai sur ceux que son acte avait provoqués.

Contournant l'angle de la rue Grenette, pour aller remettre son ordre de vente au Crédit Lyonnais, il avait heurté un jeune homme, lequel, se retournant pour l'apostropher, aperçut au loin un de ses amis intimes qu'il rejoignit vivement, et dont il serra les mains avec effusion, heureux de le voir.

Ce dernier lui apprit son mariage prochain avec une blanchisseuse habitant Paris.

Le jeune homme bousculé connaissait

également cette personne, mais sous un jour défavorable qu'il dévoila à son ami.

Celui-ci l'en remercia et rompit avec sa blanchisseuse qui, dès lors, ne décoléra plus ; ce dont les chemises de ses clients souffrirent énormément.

L'une de ces chemises, mal empesée, fut endossée, le jour du tirage, par l'un des préposés à la fonction des appareils desquels devaient être extraits les numéros gagnants.

Un faux pli du col amena l'énervement du bras, qui devint fébrile, et fut la cause d'une moins forte oscillation de l'appareil. Le numéro 1.234 fut tiré.

Mais il est évident qu'un bras moins énervé aurait contribué à faire tirer le numéro 1.234.567.

GOUTS ET COULEURS

Il est un dicton qui prétend que les goûts et les couleurs ne se discutent pas.

Le contraire est précisément la vérité.

Non seulement le goût peut se discuter, mais on peut convaincre son prochain, par le raisonnement, tout aussi bien que soi-même, que la chose qu'il n'aime pas devrait plutôt être convoitée par lui.

Dans le goût, comme en toutes choses, c'est le cerveau qui apprécie, bien ou mal, mais c'est lui qui raisonne.

Et tous les raisonnements peuvent se discuter et se modifier par la persuasion.

Jusqu'à l'âge de quarante ans, j'ai détesté

les pommes, parce que celles auxquelles j'avais goûté avaient une âpreté qui ne m'avait point plu, dans la disposition d'esprit où je me trouvais à cet instant.

C'est l'histoire de celui qui, pour la première fois, visite une belle ville par un jour de mauvais temps, en demandant, par malechance, son chemin à un passant hargneux, et logeant dans le seul hôtel critiquable de cette ville.

S'il n'y revient plus, il en affirmera l'inhospitalité toute sa vie.

Aujourd'hui j'aime les pommes, depuis que, sur un conseil ami, j'ai pu apprécier leur suc bienfaisant ; et si j'ai reconnu leur qualité digestive, il m'a donc fallu raisonner sur les sensations éprouvées par mon estomac.

Il en est de même en ce qui concerne les coloris, car le raisonnement peut modifier complètement une préférence que l'on croit durable ; un événement impressionnant, agissant sur notre pensée peut également contribuer à faire détester aujourd'hui la couleur qui nous charmait hier.

VISIONS DIFFÉRENTES

Le 7 mars 19..., je me promenais sur les belles avenues de la petite ville d'Aix en Provence.

J'évoquais depuis un instant l'image d'une dame, veuve et amie de ma famille, qui se trouvait à ce moment en Amérique.

Et, par la pensée, je voyais la nuance particulière de ses yeux, me rappelant le flot du Rhône délayé dans la vague du Léman.

J'aurais désiré savoir si cette personne voyait exactement les mêmes nuances de couleurs qu'une autre personne ayant des yeux bruns, par exemple.

Depuis, je me suis répondu que, non seulement des yeux différents ne peuvent voir exactement semblable un coloris quelconque.

Mais que des yeux de même couleur, en apparence, ne voyaient pas plus exactement pareil.

Il faudrait, pour ainsi faire, deux ou plusieurs cerveaux absolument pareils et appartenant à des êtres exactement pareils.

Cela est une impossibilité.

Il n'existe pas dans l'univers deux êtres ou deux objets absolument semblables, à cause de la transformation incessante que subit la matière, toujours en mouvement.

Pas un homme ne voit les couleurs comme son prochain.

On ne trouvera jamais un moyen de le savoir, car l'homme qui verrait le firmament rouge, en réalité, le dénommera toujours bleu, ainsi qu'il l'a entendu dire depuis sa naissance.

Le vert et le bleu sont les deux couleurs que notre vue rencontre le plus fréquemment et qui lui procurent le plus de douceur et de délassement.

L'individu qui verrait en réalité jaune et rouge, éprouverait donc cette même douceur et ce même délassement, puisque ces deux couleurs seraient précisément celles sur lesquelles sa vue se reposerait le plus fréquemment.

Les autres couleurs s'offriraient à sa vue dans un même rapport de coloris...

Et la gamme des nuances serait impuissante à lui dévoiler une réalité qui échappe du reste, à toutes les visions !

LE PIED HUMAIN

L'homme est un être doué de raison — dit l'homme.

L'homme qui raisonne bien doit comprendre qu'il n'a pas été créé tel qu'il est actuellement, car le Dieu qui l'aurait façonné ainsi n'aurait pas fait un chef-d'œuvre.

Il n'a qu'à examiner ses pieds avec attention, pour retrouver les jarrets de l'animal qu'il était lorsqu'il était quadrupède !

S'il comprenait et s'il avait souci de l'avenir de son espèce, il conformerait sa chaussure en prévision de la forme définitive que présentera le pied humain lorsqu'il aura acquis l'élégance et l'élasticité en rapport avec l'ensemble du corps.

Il aiderait la Nature et porterait une chaussure à talons élevés.

Le talon humain disparaîtra dans la suite de nos générations, et c'est la plante des pieds actuelle qui deviendra le seul point d'appui naturel de l'homme futur, lequel n'aura plus cette palette informe que l'homme actuel traîne lamentablement.

Quelle chose horrible, monstrueuse et comique !

Lorsque quelques centaines de siècles auront encore passé, cela sera :

La jambe humaine sera fine ; la saillie des genoux aura disparu ainsi que celle des talons et la plante seule reposera, petite, élégante, bien soudée.

Oh ! que je voudrais donc le voir marcher, et surtout courir, l'homme futur.

Ce seront, peut-être, des pas de plusieurs mètres par suite de l'énorme élasticité acquise.

Mais je me console en pensant que le mouvement universel n'est qu'une marée perpétuelle.

Et que le recul présent ne durera, peut-être, pas trop longtemps pour entraver les progrès de notre constitution physique.

LE NEZ HUMAIN

Il est fort naturel que l'homme admire cet appendice, mais s'il demandait leur admiration aux autres animaux, voisins ou non de son espèce, je doute fort de leur acquiescement sans réserves.

Comment nous est donc venue cette saillie un peu accentuée ?

Lorsque le singe notre ancêtre immédiat dans l'échelle animale a commencé ses transformations successives pour obtenir la position verticale, ses narines ont marché de concert et présentaient déjà un simulacre de nez lorsque cette position a été acquise.

Le noir d'Afrique, au nez encore épaté, n'a pas, peut-être, un millier de générations à remonter ou à redescendre pour retrouver l'ancêtre en question.

Mais le nez est déjà en marche, et l'on n'a plus qu'à suivre ses reproductions et modifications dans la filière humaine qui va se continuer.

Son développement, surtout, s'accentuera.

Mais pourquoi ce développement ?

Lorsque la position debout a été acquise, les narines primitives ont dû aspirer l'air horizontalement, mais trop de corps étrangers devaient s'y engouffrer en des tourbillons malsains, provoquant des suffocations, surtout pendant la marche ou la course.

Il a donc été nécessaire que l'instinct défensif incitât la nature à pourvoir ces narines d'un revêtement, qui s'est abaissé peu à peu à travers la chaîne des générations suivantes.

D'autre part, l'homme a contracté l'habitude de sommeiller fort souvent dans une attitude renversée.

Les narines d'antan ne seraient donc plus, aujourd'hui, que tombeaux d'insectes.

Cette nouvelle position, acquise pendant le sommeil, n'a pas peu contribué à la transformation du nez actuel, lequel n'a certainement pas encore accentué définitivement sa courbe ni terminé sa croissance !

CRANE ET CERVEAU

La religion dit à l'homme :

Dieu t'a créé; il t'a donné la Terre pour l'habiter et toutes choses pour te servir ou te divertir.

Le chant des oiseaux pour charmer tes oreilles.

Les fleurs, aux vives couleurs, pour égayer tes yeux.

Les animaux, pour te nourrir, ou te transporter.

Et voilà pourquoi l'homme, ainsi flatté, voit toutes choses à rebours.

Ces choses n'ont pas été créées pour lui.

Mais, c'est lui qui les a assimilées à ses goûts ou asservies à ses besoins.

Peut-être, devrait-il songer quelquefois à sa propre assimilation, c'est-à-dire au perfectionnement de ses aptitudes actuelles.

Dans cet ordre d'idées, je demande à nos corps savants ce qui les intéresse le plus particulièrement dans les conformités actuelles des crânes humains.

Et d'abord, sont-ce les épanouissements inégaux d'un cerveau grandissant qui donnent une forme définitive au crâne?

Oui, mais dans une certaine mesure seulement.

Car il est plus véridique encore de dire que la forme du crâne, apportée par un nouveau-né, doit influer, et de beaucoup, sur les circonvolutions futures de son cerveau.

D'autre part, ces mêmes corps savants ont découvert que chacune des saillies dudit crâne, et par conséquent dudit cerveau, révèle une disposition spéciale à telle ou telle aptitude intellectuelle.

Sans doute, et voilà donc, ce me semble,

une belle occasion de conformer les crânes de nouveau-nés, en les comprimant sous un moule classique.

Que dis-je? Sous des moules classiques et variés.

On obtiendra ainsi des savants infaillibles, des poètes magnifiques, des musiciens sublimes, des penseurs très profonds et des littérateurs très féconds.

On évitera avec soin de former des cerveaux de voleurs et des crânes d'assassins.

Les moules grandiront avec leurs crânes.

Le sujet vivra sous son moule jusqu'à trente ans révolus.

Et notre misérable Humanité verrait enfin de beaux jours.

Ainsi soit-il !

UNE GOUTTE FAIT DEBORDER

Par une assez froide et brumeuse matinée de mars 18..., je pris, à Bastia, le train pour Ajaccio.

Un seul compagnon de voyage occupait, au départ, mon compartiment.

C'était un vieillard qui avait le soin constant de veiller à ce que les vasistas des portières fussent clos d'un côté du wagon.

J'étais satisfait, nous n'avions point de courant d'air.

Car je crains les courants d'air, et j'affirme que, si les hommes savaient les éviter dans leurs habitations, leurs véhicules, etc., toutes épidémies et maladies quelconques, seraient complètement inconnues de notre espèce.

A Corte, le vieillard descendit.

Deux touristes montèrent avec des monceaux de valises anglaises et de couvertures écossaises.

Ils ouvrirent précipitamment les vasistas et les laissèrent ainsi durant notre route.

Agacé, je me levai bientôt, et, sans mot dire, tout en les maudissant, je refermai l'une des baies, afin de supprimer le tirage d'air qu'elle créait avec celle qui lui faisait face.

Quelques instants plus tard, l'un des touristes ouvrit de nouveau, se pencha au dehors et fit mine d'admirer les châtaigniers de plus près.

Il se rassit ensuite, oubliant sciemment de refermer.

Le courant était violent, mais nos deux insulaires du Nord paraissaient éprouver un plaisir extrême à respirer cette bourrasque.

Ils étaient forts, superbes, bien musclés.

Et je pensais que j'avais tort, peut-être, d'attribuer nos maladies aux courants d'air, en voyant l'exubérance de santé de ces deux colosses de quarante et cinquante ans.

Le soir, à Ajaccio, je me couchai tôt, sans prendre aucune nourriture.

J'étais mal, endolori, las et la tête pesante.

Je me fis transpirer, cela me remit.

Le lendemain, je n'aperçus plus qu'un seul de mes deux Anglais, et j'appris que son compagnon venait de décéder, subitement, de la rupture d'un anévrisme, ainsi que le constata savamment un docteur corse.

L'ESPRIT D'OPPOSITION

Au cours de mes voyages, je visitai la petite ville française dont l'un des hôtels principaux est tenu par un vieil ami de ma famille.

Je descendis chez lui, naturellement.

Je le trouvai inquiet et désespéré de n'avoir pu placer tout un lot d'escargots à la Bourgogne, qu'il devait servir à un repas d'hyménée commandé pour la veille.

La noce n'ayant pas eu lieu pour cause d'incompatibilité anticipée d'humeur, les escargots étaient un peu défraîchis maintenant.

Et pas un seul voyageur depuis vingt-quatre heures.

Le lendemain verrait bien de nombreux

hôtes momentanés en raison de l'Assemblée d'un Conseil général, mais comment leur faire avaler un pareil pour compte ?

Je rassurai mon homme en le priant d'apprêter ses mollusques pour la table d'hôte du lendemain, et recommandai au servant de me les offrir tout d'abord, le moment venu.

Ainsi fut fait.

La table était occupée entièrement par suite d'une affluence inusitée.

Bientôt apparut une immense circonférence de fer repoussé, de laquelle se dégageait une odeur discutable.

Le tout vint aussitôt s'échouer sur ma gauche.

Je me servis et vivement fis mine de goûter aux cornus, délaissés de l'avant-veille.

Puis, repoussant mon assiette, j'apostrophai vertement le servant, en formulant à haute voix cette seule phrase :

« Ces escargots ne sont pas frais. »

Tout le monde en mangea !

On complimenta même, en ma présence, l'aubergiste ébahi !

La nature humaine fait généralement passer un caprice avant la logique.

Et le ton, rogue à dessein, de mon exclamation avait suffi, avec sa nuance d'omnipotence, à m'aliéner l'assentiment des autres convives.

PIQURES DE PUCES

Il y a des gens très sensibles aux piqûres de puces.

Peut-on affirmer qu'ils ont un épiderme plus délicat ?

Il est possible que cette délicatesse soit une cause, mais quelle est la cause de cette délicatesse ?

Ont-ils l'intelligence plus vive et, par suite, les sens plus impressionnables que les gens qui ne craignent pas les piqûres de puces ?

Je crois qu'oui.

Ils sont observateurs s'ils sont intelligents.

Ils étudient une souffrance lorsqu'ils la ressentent.

Et la simple piqûre d'une puce est pour eux compliquée de soucis.

Ces victimes savent qu'elles ne se débarasseront de leur ennemie que difficilement.

Si l'heure du repos sonne à ce moment, elles ne pourront dormir par le seul fait de leur appréhension.

Mais la puce, elle-même, n'a-t-elle pas égaement un esprit observateur?

N'a-t-elle pas fait une remarque qu'elle transmet, par atavisme, à sa descendance?

Je crois qu'oui encore.

Et je dis que la puce ne s'endort pas sur le champ conquis rapidement et abandonné de même. Car, avant même qu'on ait senti la piqûre de ce féroce animal, il a déjà fait un ou plusieurs bonds qui l'ont mis à l'abri de toute atteinte immédiate.

Et, à ce moment, je le vois sourire, lorsqu'il aperçoit, au loin, des mains, des pattes ou des becs, gratter ou fouiller avec rage la place abandonnée.

Je termine en priant nos psychologues et nos mathématiciens d'unir enfin leurs efforts pour rechercher à quelle distance de la piqûre, et surtout dans quelle direction doit fouiller notre dextre ou gratter notre senestre.

Je n'ai, certes, l'intention de me moquer de la science en général, ni des savants en particulier ; mais il est hors de doute que les petites causes engendrent souvent les grands effets, et cette recherche aiderait puissamment à de plus grandes découvertes.

INTENSITÉS ÉLECTRIQUES

Tous les corps ou toutes les matières ne s'électrisent pas avec la même intensité, la même rapidité.

C'est connu généralement.

Un même genre de matière, comme le métal, par exemple, s'électrise plus ou moins, suivant la cohésion et surtout la coordination de ses molécules.

Je veux essayer d'imager une explication en disant que je vais entourer la terre d'une chaîne.

Cette chaîne sera formée avec des êtres humains que je placerai dans la position debout.

Ils seront tous tournés dans un même sens et se toucheront suffisamment pour obtenir une forte cohésion.

Les bras n'auront aucune fonction.

Par la pensée, j'imprimerai une poussée imaginaire sur l'un de ces êtres.

Je n'entreprendrai pas, et pour cause, d'évaluer le temps que mettra cette impulsion à faire le tour de la terre, en supposant qu'elle soit suffisamment forte pour cela, mais j'adopterai, par exemple, vingt-quatre heures.

Maintenant, je vais utiliser les bras de tous ces braves gens, faisant fonction de molécules.

Ils ceindront tous et fortement le corps de leur précédent compagnon, ce qui donnera une attitude penchée à tous ces corps étroitement unis.

Alors, avec la même impulsion, semblable à la première, je réduirai peut-être à douze heures le temps de ma vibration circulaire.

Simplement par une disposition différente de mes molécules ainsi que par une cohésion plus grande.

MACHINERIES

L'homme est industrieux pour le mal généralement.

Il a découvert la force de la vapeur d'eau et s'en sert pour actionner des systèmes divers de mécanisme, lesquels suppriment de nombreux travaux manuels.

Mais le travail mécanique ne vaudra jamais le travail accompli par des mains.

Si le travail mécanique, industriel ou agricole, offre parfois une apparence de plus grande perfection, il ne supportera jamais aussi bien les morsures de l'usure et ne donnera point les résultats qui seraient obtenus par des membres humains qui sentent ce qu'ils font.

La roue d'un moulin est actionnée mécaniquement, il est vrai, mais l'air ou l'eau ne sont point des forces aveugles comme la vapeur et l'électricité.

Si quelque corps étranger s'introduit dans la roue d'un moulin actionné par eau, cette roue cessera de tourner et ne se brisera pas sous une force complètement insensible.

J'arrive maintenant à la matière employée généralement pour créer la force initiale de la vapeur.

Le charbon empoisonne et empoisonnera de plus en plus l'air respirable par ses émanations.

L'évolution et la transformation de ces masses gazeuses s'opéreront bientôt difficilement.

Il n'y aura plus de saisons, mais des alternatives fréquentes de chaleur et de froid.

L'industrie électrique, à son tour, deviendra une source de complications atmosphériques.

Que devient donc l'humanité?

J'ai vu des pays de mines, où des êtres atrophiés, abêtis, naissent, vivent et meurent dans un complet avachissement intellectuel.

J'ai évoqué, en même temps, les anciennes humanités arrivées à leur apogée !

DISSEMBLANCES RESSEMBLANTES

Par intelligence, entendrai-je :

L'invention d'un mécanisme ? les tactiques d'un César ? l'habileté d'un diplomate ? les malices usuelles de la vie courante ?

L'esprit vraiment intelligent ne serait-il pas celui qui pense en deçà et au delà de son existence présente ? qui se demande d'où il vient, où il va ?

Cette fin du XIXe siècle semble assister à un affaiblissement marqué de la compréhension humaine.

Si je prends un exemple dans chacun des deux partis qui s'agitent le plus au sujet de la question sociale et religieuse, je suis égayé par la ressemblance de leurs principes fondamentaux, malgré leur dissemblance apparente.

La théologie affirme que l'homme a été créé d'une seule pièce et pétri par un Dieu qui l'aurait rendu responsable de ses actes, en lui affirmant qu'il l'avait créé à son image, et, de ce fait, était dans l'univers le seul être de raison.

L'athéisme se fait gloire de descendre simplement du singe. — Il ne va que jusqu'au singe pour l'instant, — mais il nie toute corrélation entre sa vie présente et une vie future.

Le premier dit :

« Je suis le premier être doué d'intelligence, car il n'y avait rien avant moi, que Dieu. »

Le second dit :

« Quadrumane j'étais, mais bipède je suis ; je termine certainement une race parvenue à son apogée ; donc, après moi plus rien. »

Je comprends le style imagé des propagateurs de religions, ainsi que la nécessité de respecter l'immuabilité du principe fondamental.

Mais, l'étoile polaire nous indiquera-t-elle toujours le nord?

CARACTÈRES DÉNATURÉS

J'ai dit quelque part que l'homme peut imposer tel caractère intellectuel, telle aptitude morale chez un sujet nouveau-né :

En imprimant sur sa boîte cranienne des bosselages en conformité avec le caractère désiré.

Autant que possible, naturellement.

Je vais ici émettre une idée qui paraîtra certainement bouffonne, comme toutes les idées de quelque valeur. C'est de pouvoir modifier et même transformer le caractère d'un sujet, quoique adulte, en lui supprimant l'usage normal de l'un de ses membres.

Non point par la douleur, le chagrin, la haine ou tout autre sentiment.

Mais par un effet purement physique, et je dis :

Puisque le caractère d'un individu se révèle dans ses attitudes physiques, c'est qu'il y a très certainement une corrélation absolue entre l'un et les autres.

Si je veux me représenter un homme hautain et hargneux, je verrai, par la pensée, un col tordu sur des épaules anguleuses.

Si, au contraire, je veux me représenter un homme doux et pacifique, je verrai un col arrondi sur des épaules tombantes.

Cela, du moins, est une règle aussi générale que peut l'être une règle de ce genre !

Si je casse la jambe au second de façon qu'après guérison il ne puisse plus marcher qu'en boitant, sa claudication peut à chaque pas lui infliger une torsion au col et rejeter ses épaules en arrière.

Son caractère moral se modifiera de ce fait seul.

L'effet, à son tour, fera naître la cause, de

façon plutôt superficielle, mais suffisante cependant pour que mon sujet puisse transmettre des germes de mauvais caractère aux enfants qu'il pourrait avoir plus tard.

ASTRONOMIE PLAISANTE

Je lis dans une gazette un article signé par un de nos astronomes contemporains, et commentant un fait qui vient de se passer au firmament.

Il y est question d'une étoile qui s'est développée à nos yeux, et, en quelques jours seulement, de la dixième grandeur à la première, puis de la première à la dixième.

L'écrivain se déclare surpris.

Il se déclare également surpris au sujet d'une autre étoile qui se serait transformée en nébuleuse, alors que le contraire se produit habituellement.

Il parle aussi de planètes éteintes, se rallumant brusquement sous l'influence d'un choc, etc. En ce qui concerne cette dernière hypothèse, je dis que deux astres, ou planètes, tels qu'on les comprend, ne pourraient se heurter de front dans l'éther.

Ils s'approcheraient, tournoieraient des centaines ou des milliers de siècles en décrivant des courbes plus ou moins allongées et se réuniraient insensiblement.

Le médecin, dans un premier examen, devine le mal d'un individu parce qu'il sait, expérimentalement, que telle maladie se révèle par tels signes extérieurs, mais il est incapable d'en deviner l'origine et guérir de prime abord.

J'ai dit quelque part que la lumière solaire n'existe pas.

Il en est de même pour celle de tous astres quelconques, car ce ne sont que leurs fluides qui, s'amalgamant avec le fluide terrestre, exaspèrent à leur tour notre cerveau, quand le soleil a disparu.

Lorsque ce dernier reparaît, sa priorité de

voisinage annihile l'influence de ces fluides astraux plus éloignés.

De même qu'un médecin, un astronome pourra connaître la constitution de son champ d'expériences, mais il se trompera toujours sur son origine réelle.

Du reste, l'origine de toutes choses ne saurait jamais se trouver, car un effet est toujours produit par une cause et cela seul suffit à prouver la transformation éternelle des choses.

Je termine ce chapitre en assurant que les astres, planètes, comètes, etc., ne sont point des cailloux, mais des animaux comme nous.

CERVEAU CHIMISTE

Je n'ai pas la prétention de faire ici une dissertation chimique ou médicale.

J'ignore même jusqu'aux principes fondamentaux adoptés par les diverses générations d'apothicaires ayant trituré le corps humain.

Je ne juge donc qu'avec l'aide de l'observation passionnée.

Je conçois l'haleine et la salive comme les agents les plus actifs de notre organisation physique, et obéissant rapidement aux désirs de notre esprit.

Un être humain, par exemple, lié par tous ses membres, et condamné à vivre dans un essaim d'insectes, n'aurait plus que la ressource de les écarter avec son haleine.

L'irritation, la colère, la haine lui suggéreraient de souhaiter son haleine empoisonnée.

Et tel en adviendrait, avec du temps !

Cette dernière s'imprégnerait peu à peu de l'esprit d'animosité qu'élaborerait le patient au travers de toute son organisation.

Cela se remarque, du reste, sur nombre d'animaux et de végétaux, et c'est une défense instinctive comme tous les genres défensifs engendrés par l'esprit.

Et les végétaux en ont.

La salive, ou similaire, peut de même s'imprégner d'un venin dangereux, sous l'influence de sentiments haineux, féroces, offensifs ou défensifs.

Certains animaux, et végétaux même, ont acquis, ou peuvent acquérir, ce pouvoir d'empoisonner leurs ennemis.

Par contre, je crois que la salive humaine actuelle doit avoir une vertu dissolvante et neutralisante, très puissante encore.

Et tels poisons, contaminant ou corrodant notre organisme, deviendraient inoffensifs s'ils étaient dénaturés par une salivation, suffisamment abondante, avant d'être absorbés.

LES CHIENS

Il y a 200.000 ans environ, vivaient sur la terre deux peuples humains, ennemis séculaires.

L'un fut enfin vaincu par les armes et asservi.

La servitude fut douce et terrible.

Douce, parce qu'il ne fut astreint à aucun travail.

Mais terrible, parce que tous les vaincus : hommes, femmes et enfants, furent, dès lors, contraints de marcher sur leurs mains, toujours, en tous lieux et pour toutes fonctions.

Quelques centaines de siècles s'écoulèrent, puis quelques autres, et... — Le singe a été plus lent à devenir un homme que l'homme à devenir un chien !

. . . .

A notre époque, il est un animal que l'homme se plaît à faire multiplier, c'est le chien.

Il y a de nombreuses expositions et concours de chiens.

Il y a des hôpitaux pour les chiens, des cimetières pour les chiens.

C'est la tendresse humaine dans l'un de ses plus faciles moyens d'expansion.

. . . .

De quelle façon disparaîtra la race humaine ?

Le charbon l'asphyxiera-t-il par ses diverses accumulations d'émanations ?

L'électricité la balayera-t-elle par une profusion d'ouragans ininterrompus ?

Ou bien, les chiens, de plus en plus nombreux, se souviendront-ils ?

Éprouveront-ils tout à coup, pour la descendance de leurs anciens maîtres, une haine atavique de 200.000 ans ?

La fin par l'égorgement !

. . . .

Ainsi que d'autres animaux d'origine humaine probable, le chien possède encore l'habitude de gratter la terre en certains cas. Ce geste de propreté, raisonné autrefois, a persisté jusqu'à nos jours.

DÉCADENCE HUMAINE

L'apogée de notre humanité actuelle a eu lieu vers une époque déjà fort éloignée, peut-être, à en juger par la diversité et surtout l'irrégularité de nos traits faciaux actuels.

La face de l'homme est certainement laide pour tous les animaux, sauf pour lui, ce qui est assez naturel.

Son physique se déforme et se déformera peut-être de plus en plus sous l'influence de toutes sortes de maux provoqués par les courants d'air de ses habitations qu'il se plaît à créer pour leur bien-être trompeur et mortel et qu'il est déjà impuissant à comprendre.

J'ai dit que toutes les maladies de l'homme et des animaux qu'il asservit ne proviennent que des courants d'air établis en opposition de directions dans les temples, dans les maisons, véhicules, crèches ou écuries.

Peste, choléra, lèpre, toutes épidémies et toutes maladies n'ont pas d'autre cause première !...

Jésus-Christ est arrivé trop tard avec ses divines maximes ; car si les hommes les comprenaient, ils n'avaient déjà plus, pour la plupart, la volonté de les pratiquer.

De même, aujourd'hui, se compteraient facilement les intelligences qui pourraient, non pas expliquer les effets du courant d'air, mais seulement le comprendre intuitivement.

La nourriture humaine actuelle est en rapport avec l'atrophie intellectuelle et les sens faussés :

Viandes saignantes ou gibiers faisandés, fruits cueillis avant leur maturité, eaux minérales, boissons glacées, breuvages stérilisés d'après les procédés de chimistes malfaisants que la crédulité humaine glorifie !

Oh! qu'elle devait être belle, la dentition des grandes humanités avant leur déclin, alors que les fruits formaient leur seule nourriture, les cavernes leurs seuls logis, les fleurs du sol leurs seuls tapis et les astres leurs seuls abris.

ÉPILATION

L'homme, dit-on, descend du singe.

C'est tout ce qu'on a pu découvrir jusqu'à présent.

Mais, ne désirant pas, pour le moment, remonter plus haut dans notre échelle animale, je n'insisterai pas sur cette pénurie de renseignements.

L'épilation de notre corps touche à sa fin, ou du moins sera probablement terminée dans une centaine de siècles.

C'est une époque bien proche, il est vrai, mais il faut admettre que cette épilation deviendra volontaire lorsque notre matière pileuse ne sera plus en quantité suffisante pour parer ou orner convenablement nos faces et nos crânes !

Le singe avancé a commencé involontairement l'épilation humaine lorsqu'il a eu la première idée de s'affubler d'un collier de noix ou similaires.

Fruits, fleurs, rameaux, plumages, pelages, crânes et ossements ont été nos premiers ornements, lesquels sont devenus vêtements, plus tard, lorsque les hommes ont rencontré sur leur route des climats incléments pour leurs corps déjà dégarnis de leurs toisons naturelles

La femme a dû se voiler la face beaucoup plus longtemps que l'homme, car son visage est presque complètement imberbe, sauf le nécessaire, maintenu par l'instinct défensif, comme les cils et les sourcils.

Certaines parties du corps humain actuel ayant été plus résistantes ou plus préservées présentent encore des bribes de toison.

Aujourd'hui, le singe est rare relativement

et de ce fait ne poursuit pas, pour le moment, sa route vers une humanité déjà atteinte plusieurs fois, sans doute, et abandonnée.

Peut-être redescend-il au fond des mers par l'échelle animale qu'il a escaladée!

LE SOMMEIL

Phénomène éminemment réparateur des forces animales et intellectuelles, c'est, en outre, un champ d'observations incommensurable.

Si l'homme appréciait mieux l'importance du sommeil, il n'interromprait jamais brusquement celui de son prochain, et surtout celui de l'enfant qui croît en dormant.

C'est pendant le sommeil que notre corps expurge le plus facilement toutes les matières étrangères à son organisation normale et qui s'y étaient plus ou moins accumulées pendant son état de veille.

L'individu qui repose passe tout d'abord

par une sorte de torpeur qui n'est pas le sommeil.

Le sommeil réel ne commence le plus souvent que lorsque le dormeur, après avoir esquissé quelques gestes comme pour s'éveiller, se tourne sur le dos et s'allonge littéralement.

Ce mouvement devient très préjudiciable à la santé d'un enfant dont la couche n'est pas beaucoup plus longue que sa taille.

Le plus grand nombre des dormeurs se place généralement sur le côté au début du repos.

On doit reposer sur un plan absolument horizontal, et les médecins qui prônent les couches en pente légère sont des ignorants, car, inconsciemment, notre corps se contracte plus ou moins, suivant le degré d'inclinaison de sa couche.

Un observateur peut, à son réveil, savoir s'il a achevé normalement son somme, ou s'il a été éveillé par un bruit quelconque ou une fausse position.

Car, dans le premier cas, il entendra, ou plutôt il aura encore dans ses oreilles le rythme de sa respiration.

Je termine en disant aux gens qui s'endorment sur des bords de précipices, parapets, etc., de se coucher sur le côté d'abord et face au précipice.

Car lorsqu'ils se tourneront inconsciemment sur le dos, ils tomberont, si toutefois ils tombent, du côté le moins dangereux.

GOUT DE FER

Je ne veux point parler ici du fer que nous charrions dans notre circulation sanguine.

Nos médecins prétendent que ce fer est nécessaire, et qu'il est obligatoire pour notre sang d'en contenir une certaine quantité.

Il est bien certain que si le pelage d'un chien ne contenait pas de puces, ce ne serait plus une peau de chien.

Je ne discuterai donc pas cela, et pour cause.

Je veux parler d'un faît ordinaire, mais qu'on n'a peut-être pas remarqué suffisamment.

Comme héroïne de mon conte, je présente une caféière en métal.

En langage usuel, je devrais dire une cafetière.

Alors, pourquoi thé fait-il théière?

Je ne puis pourtant le demander à nos académiciens, si je veux être renseigné exactement.

Je suppose maintenant qu'une caféière en métal, ai-je dit, soit employée quotidiennement pour l'usage d'une famille.

Pour quel motif, et certains jours, entendrai-je un, plusieurs ou tous les membres de cette famille, se plaindre d'un goût de fer, émis par la brune boisson?

Pourquoi donc pas tous les jours?

En voici le motif.

Les parois intérieures du récipient se corrodent certainement chaque jour sous l'influence du liquide.

Elles se minent lentement, mais ne se désagrègent pas d'une manière permanente.

Et ce n'est que lorsqu'une certaine couche

est mûre pour la chute, que sa désagrégation s'opère d'un seul bloc.

De ce même principe peuvent se réclamer les éboulements des rochers, des montagnes, des rives de torrents et rivières, etc.

ÉGALITÉ HUMAINE

Il serait aussi difficile de la prouver que d'affirmer égaux tous les épis d'un champ de blé.

Tous les hommes sont égaux devant Dieu, il est vrai, mais chacun dans la proportion des forces et des moyens dont il dispose.

Sauf quelques intelligences douées exceptionnellement, les hommes sages doivent certainement essayer d'élever leur condition sociale au-dessus de celle de leurs pères, mais d'un échelon en général.

Ils laisseront à leur progéniture le soin et le plaisir de gravir l'échelon suivant.

L'ascension d'une fortune plébéienne doit se faire lentement, de façon telle, que la chute de la fortune patricienne qui tombe se fasse de même.

Il ne faut pas, nécessairement, avoir fait des études spéciales, pour comprendre que des familles plébéiennes ne peuvent parvenir parmi les classes dirigeantes, sans qu'une contre-partie s'exerce chez ces dernières.

Une lente évolution ne pourrait donc bouleverser le pays, comme les fortunes trop rapides, ne faisant que du mal audit pays, à la société, et même à l'individu parvenu, qui se croit souvent fort habile, parce qu'il aura lésé des intérêts, accumulé des ruines, piétiné des cadavres, pour arriver jusqu'à une situation souvent incompatible avec son propre talent, et qu'il doit presque toujours aux événements favorables plutôt qu'à son seul mérite.

Devant les lois de justice humaine, les hommes sont égaux et punis généralement suivant les fautes commises, car des juges humains sont impuissants à discerner très exactement les causes qui ont provoqué la faute.

Mais une convention constitutionnelle, absolument irraisonnée, est celle qui, dans un vote populaire et au sujet de la députation parlementaire, donne voix pareille au maître et au serviteur, au savant et à l'ignorant, au chef de famille et au célibataire.

Avec une telle façon de procéder, un pays ne doit pas engendrer beaucoup d'hommes de génie ; la médiocrité ou pire, résultant fatalement d'un pareil système.

D'autre part, les législateurs élus par un suffrage national doivent avoir été choisis parmi les plus anciennes familles du pays.

Ils doivent, en outre, être indépendants, fortunés et accomplir leur tâche honorable sans aucune espèce de rétribution.

SECOURS MUTUELS

Il est de mode, vers la fin de ce XIXe siècle, de fonder, dans le populaire, des sociétés de secours mutuels.

Moyennant une faible somme mensuelle ou annuelle, versée régulièrement, l'individu peut se créer divers secours en prévision de ses maladies ou de sa vieillesse.

Les familles se dispersent, mais les étrangers se groupent !

Ce genre de solidarité n engendre qu'une aliénation graduelle de l'initiative individuelle.

Les membres de ces sociétés économisent par force afin de ne point perdre le fruit de leurs versements antérieurs.

Ils ne paieront pas, au besoin, leurs tailleurs ou leurs boulangers.

Et si leurs sociétés disparaissaient pour une cause quelconque, ils seraient, pour la plupart, incapables d'économiser de par leur seule volonté.

L'instinct, ou plutôt l'atavisme des troupeaux d'antan est encore vif chez les hommes de notre époque.

La note comique est donnée par le cri de « Vive la liberté », poussé par eux à chaque instant.

Ce ne doit pas être la liberté individuelle, puisque petits possesseurs, petits commerçants, petits industriels disparaissent de plus en plus.

Quant au mercenaire, Il pousse ce cri sans interruption !

Mais de quel genre de liberté est-il donc assoiffé ?

Il a déjà celle de pouvoir, lui qui fait nombre, envoyer dans nos parlements des individus ridicules pour la plupart, miséreux souvent, et qui le mèneront fatalement vers la liberté du ventre.

L'excès est toujours une faute.

Car lorsqu'il y a trop de musiciens il n'y a plus de belle musique.

Lorsqu'il y a pléthore de médecins il n'y a plus de bonne médecine.

Et trop de gens instruits détruit l'intelligence.

SOUVERAINETÉ HUMAINE

Je ne veux pas, certes, faire de la politique de politicien, et me contenterai de dire quelques mots sur la forme de gouvernement que doit avoir un pays, comme la France, dont la race est presque uniforme, la dimension suffisante, la cohésion puissante, et les mœurs à peu près semblables dans toute son étendue.

Tels sont également la plupart des pays de l'Europe et de l'Asie.

Mais la France a échangé sa monarchie séculaire contre une forme de gouvernement du peuple par lui-même.

Cette forme, dénommée République, existe déjà depuis trente ans et pour la troisième fois.

Peut-être cela pourra-t-il durer encore autant,

Mais il est à craindre pour l'avenir que nul représentant de l'ancienne souveraineté ne consente à reprendre un pouvoir devenu difficile par suite du mal, irréparable peut-être, qu'aura causé ce gouvernement populaire.

Un peuple de cette importance doit être gouverné par la cime de son échelle sociale et non par des individus sortis de son sein.

Dans le premier cas, le frein aux mauvaises passions populaires provoquera un respect nécessaire pour l'autorité suprême.

Dans le second cas, le ou les représentants de ce peuple qui les a élus seront obligés de le flatter jusque dans ses pires défauts s'ils veulent conserver un mandat généralement lucratif.

Si le peuple, abusé par des théories utopistes, par des principes de décadence, ne veut pas un homme comme souveraineté, qu'il fasse comme celui de l'Angleterre.

Qu'il se gouverne par une femme!

Celle-ci pourra, mieux qu'un homme, dire : mon royaume, mes mers, ma flotte, mon peuple, mes armées.

Car elle n'excitera aucune jalousie politique parmi ses ministres et moins de haine chez ses sujets le cas échéant.

L'Angleterre a dû sa force, peut-être, à cette particularité.

Je termine ce chapitre en disant qu'il n'y a qu'une seule forme de gouvernement capable de maintenir la vitalité d'un peuple pendant de longs siècles.

C'est la forme théocratique que la Russie et la Chine ont adoptée.

LA PEINE DE MORT

Il est une coutume humaine épouvantable pour un esprit sain et généreux, qui déshonorera l'humanité aussi longtemps que celle-ci persistera dans sa propagation.

C'est la peine de mort appliquée aux individus de son espèce et susceptibles de son courroux pour des faits qualifiés crimes.

Quand donc cette humanité comprendra-t-elle qu'un assassin ne tue que par vengeance, par cupidité, par passion, ou simplement par férocité.

Dans les trois premiers cas, la raison s'est égarée.

Dans le dernier elle n'existe pas.

Mais le juge qui condamne stupidement,

tue froidement avec une autorité que lui octroie une société ignorante ou quelque foule surexcitée, hurlant à la mort, un individu qui commet un acte dément.

Si l'espèce humaine était digne du nom d'Humanité, elle comprendrait que la mort hâtive ne détruit pas les molécules d'un cerveau contaminé par l'esprit du mal.

Car ces molécules vont telles quelles s'assimiler à celles d'un autre cerveau, chez un autre individu qui héritera de ce dangereux bagage.

Oh ! juges inqualifiables ! qui ne comprenez pas que l'esprit est une matière ténue que la mort chasse d'un cerveau en innombrables atomes désagrégés et se reconstituant, en partie, parmi d'autres constitutions cervicales !

Enfermez donc votre criminel ; livrez-le à ses remords ou à ses regrets tout au moins, condamnez son corps à la fatigue.

Et le temps se chargera, mieux que vous, de dénaturer peu à peu le mauvais esprit qui lui a fait commettre son forfait.

Oh ! société stupide !

N'est-tu donc pas assez puissante pour provoquer la destruction graduelle d'un cerveau malsain sans le faire revivre en le tuant?...

PLAISANTS & DÉCADENTS

Pauvre France! pourrait-on dire aujourd'hui avec vérité.

Ce jour 18 mars 19.., je lis dans une gazette politique que les grèves ouvrières sont générales;

Mais que nos académies littéraires s'occupent très activement de la simplification de l'orthographe!

Et que nos hommes de gouvernement discutent gravement sur l'opportunité de rendre la croix d'honneur à un étranger de souche, qui fait le métier d'écrivain, genre dépravant, mais captivant, et qui, lui seul, a contribué pour une bonne part à fausser la morale du pays, dont les habitants étaient, du reste, préparés à cela par une inconscience marquée.

Cette inconscience est le résultat direct d'une faculté que le Français possède à un degré bien supérieur à celui des peuples voisins.

C'est la plaisanterie.

Mais une plaisanterie qui a pu être douce et supportable dans ses débuts, et qui, depuis longtemps, prend de plus en plus les allures de la moquerie vulgaire, stupide et malpropre souvent.

Notre race est contaminée de ce fait banal en apparence, et sa perte en sera peut-être émanée directement avec l'aide des effets produits par cet état d'esprit.

Le pays, déjà envahi par l'intrusion lente de l'étranger devant lequel il fait le beau, sera absorbé facilement.

Et cependant, une autre race jadis honnie et bannie qui dominera peut-être le monde un jour; en provoque en ce moment la perte d'une manière assez visible !

Elle raille ou plutôt fait railler sa religion, son patriotisme, ses prêtres, ses défenseurs.

Elle détruit son unité familiale, son état social, sans qu'il s'en émeuve !

Mieux encore, hélas ! car elle divise pour régner et diriger ses vues d'une manière occulte.

Lorsqu'on rit, on est désarmé, dit-on...

C'est probablement pour cette raison qu'elle a planté une bosse sur l'un de ses plus malfaisants destructeurs de sociétés.

Et pourtant, le divorce généralisé est un chancre social assez redoutable qui ne devrait être permis qu'aux souverains et seulement dans les questions dynastiques ou politiques.

PHASES DIPLOMATIQUES

Pour me faire comprendre je vais me servir d'une comparaison.

Parmi les jeux divers auxquels s'adonnent les enfants ou les adultes, il en est un dénommé communément « la main chaude ».

Le pénitent, agenouillé et la tête enfouie dans le giron d'un autre participant, doit exposer l'une de ses mains sur son dos et la paume extérieurement.

Les joueurs alors, tour à tour, frappent dans cette main offerte.

Le pénitent doit deviner quel est le joueur qui a frappé et lui imposer son rôle s'il l'a reconnu.

Je suppose maintenant que deux joueurs

frappent alternativement, l'un ayant une main douce et l'autre une main forte ou nerveuse.

Si ces deux joueurs ne sont doués que d'une intelligence médiocre, le propriétaire de la main douce frappera fort et l'autre frappera faiblement.

Si ces mêmes joueurs possèdent une malice plus grande, ils frapperont d'une façon naturelle pour faire croire au patient que la tape faible provient de la main forte et *vice versa*.

Si encore ces joueurs sont absolument des fins malins, la main douce frappera fort comme dans le premier cas, mais ce sera alors avec deux degrés d'intelligence de plus.

Et le supplicié sera une fois de plus trompé s'il a supposé que ses bourreaux ont frappé d'une façon naturelle pour l'inciter à croire qu'ils ont frappé d'une façon anormale.

La moitié du monde trompe l'autre; c'est

une vieille habitude simiesque toujours en vigueur.

Mais les moyens mis en œuvre diffèrent suivant les degrés d'expérience diplomatique acquise parmi les peuples.

SOMME DE SOUFFRANCES

Il n'est pas un être humain doué de quelque intelligence qui, à partir de l'âge adulte, ne se demande avec une certaine anxiété s'il souffrira beaucoup pendant le cours de son existence ou s'il mourra d'une mort lente, ou violente. Si son agonie sera calme ou agitée.

Je crois pouvoir affirmer que le total des souffrances endurées par chaque individu depuis sa naissance jusqu'à sa mort est absolument égal pour tous, et proportionnellement à ses forces, naturellement.

En disant jusqu'à sa mort, j'entends la mort réelle qui, de nos jours encore, ne survient souvent qu'après l'ensevelissement!

Nos médecins en sont encore à trouver un signe évident de la mort.

Ils n'ont qu'à faire déposer les cadavres douteux dans une salle d'attente publique jusqu'à ce que leur odeur se charge de la démonstration.

Lorsque la souffrance provient d'un supplice, même affiné, le condamné perd sa connaissance en proportion de la douleur éprouvée.

On ne souffre réellement que par la compréhension de sa souffrance.

Et tel individu se tordant, se crispant dans des convulsions atroces, n'éprouve pas, en réalité, les douleurs qu'il paraît ressentir, car son cerveau anesthésié perd conscience.

Par contre, certains supplices, supposés rapides, laissent au patient une certaine lucidité, longtemps quelquefois, après sa mort apparente.

Il doit souffrir sa part, ni plus ni moins.

L'individu qui, en apparence, n'a pas

souffert pendant sa vie, a éprouvé des souffrances faibles et pour ainsi dire ininterrompues.

Ou bien, sa mort apparente ne terminera pas complètement des souffrances que son esprit, lent à fuir, percevra encore vaguement.

Je termine en disant qu'un individu blessé grièvement, et se « frappant » l'imagination, s'anesthésie partiellement et ne ressent pas les souffrances qu'éprouveraient le sang froid et l'indifférence.

EXTREMES INFINIS

L'infiniment petit est tout aussi puissant et... aussi grand que l'infiniment grand, car aucun atome n'est limité à un dernier degré de petitesse.

Si l'on prend un objet, aussi ténu qu'on le puisse faire, et qu'on le partage en deux parties, retenant l'une et rejetant l'autre. Si l'on partage à nouveau la partie gardée, en continuant la même opération pendant l'éternité, on n'arrivera jamais à obtenir néant.

Pas mieux, du reste, qu'en prenant un nombre quelconque et le divisant par deux, puis ensuite divisant indéfiniment et toujours de même l'une des deux moitiés on n'arriverait à obtenir zéro.

Les mêmes mouvements se reproduisent dans les petites choses, comme dans les grandes et *vice versa*.

Et, si nous pouvons voir les êtres et les choses, suffisamment grands pour nous, qui s'agitent sur la surface terrestre, nous ne pourrions voir les êtres et les choses qui s'agitent sur un fruit, un moucheron, une pierre ou un brin d'herbe.

Et pourtant c'est la même répétition.

Car, il y a là aussi des peuples d'individus produisant des milliers de générations dans le temps d'une de nos minutes ou de nos secondes.

Si je mange le fruit, des milliers, des millions de ces générations s'habitueront, de l'une à l'autre, à voir approcher mes lèvres, mordre, mastiquer, avaler et... digérer.

Elles se modifieront suivant l'état présent de leur position et se transformeront au fur et à mesure.

Si le soleil possédait une gueule et l'ouvrait tout à coup pour avaler la terre.

Ce tout à coup pourait durer des milliers de nos siècles, et nos futures générations auraient le temps de s'en soucier.

Et celles, dans longtemps, qui contempleraient le fond de cette gueule ouverte, ne pourraient guère s'imaginer qu'il n'en a pas toujours été ainsi.

Et si le sòleil, en s'approchant de nous, échauffait trop la terre et ses parasites, nous nous transformerions et supporterions sa fournaise, si fournaise il y avait, comme nous supportons, actuellement, 50 degrés de chaleur ou de froid.

ROTATIONS TERRESTRES

Si la terre mettait, en réalité, quarante-huit heures pour effectuer sa rotation quotidienne, l'homme s'en apercevrait-il ?

Et à quoi s'en apercevrait-il ?

Si les êtres et les choses, parmi lesquels il vit, ralentissaient d'autant leurs mouvements ;

Si l'horloge magnétisée subissait ce ralentissement dans la même proportion ;

Si le soleil, la lune, les planètes, les comètes éprouvaient une cause commune et marchaient de concert ;

Ou plutôt, si la terre marchait de concert avec eux ;

Le cerveau humain aurait, de ce fait, la pensée moins rapide, il ne saurait s'en apercevoir.

Le temps a été imaginé et divisé par l'homme.

Les astres, les planètes ne s'en servent point.

Et telle comète qui doit revenir pour nous dans tant de mois, de jours et de minutes, revient, en réalité, dans tant de rotations de soleils quelconques, car ses mouvements sont liés à ceux des autres astres même dans leurs irrégularités !

Je suis persuadé que les rotations terrestres sont inégales.

Nous vivons parmi l'infini, qui nous pénètre et nous entoure de toutes parts.

Et l'infini ne se concilie pas avec une régularité quelconque.

Lorsque nous croyons voir une régularité quelque part, nous ne la voyons telle qu'avec les limites de notre vue bornée.

Mais en réalité, rien n'est régulier, rien

n'est fini, rien n'est commencé, rien n'est parfait, rien n'est limité, rien n'est d'une mathématique absolue.

Et tout, dans l'infini, se mouvant sans cesse, n'engendre aucune immuabilité.

CHALEUR SOLAIRE

J'ai dit que la Terre est un animal, et un animal qui respire, par conséquent!

La respiration humaine est une aspiration produite par la pression aérienne, sur les poumons, aidée par une dilatation automatique de ces derniers, lesquels rejettent ensuite l'air aspiré, en reprenant leur volume naturel.

On sait que cette dernière action se nomme : expiration.

Un observateur attentif pourrait remarquer que, lorsqu'il aspire très fortement, la surface de son corps fraîchit en de certaines parties, et que, lorsqu'il expire fortement, afin de mieux s'en rendre compte, une chaleur soudaine envahit aussitôt ladite surface.

Je vais supposer, maintenant, que la Terre respire comme nous; par l'un de ses pôles, ou par son épiderme.

Que son aspiration nous amène l'hiver, et que son expiration produise l'été, c'est-à-dire toutes les végétations, toute la moisissure, éclosant par la formidable ascension de cette chaleur souterraine.

J'aborde maintenant le sujet de mon titre.

Pourquoi croyons-nous que c'est le soleil qui nous chauffe !

Pourquoi ne serait-ce pas la chaleur terrestre plus intense en été, et dont les atomes, se combinant plus rapidement avec ceux de l'émanation solaire, produiraient une action plus vive, des mouvements plus précipités, une chaleur plus forte, enfin.

Et si la surface terrestre est plus chaude, ses parasites sont également plus chauds, puisqu'ils font partie de sa substance.

Les corps ou objets quelconques entrent forcément dans le mouvement, et les thermomètres n'indiqueront pas un degré de plus.

Mais les molécules de tous ces corps, ainsi que les nôtres, qui se combineront en ce moment avec celles de l'évaporation solaire, formeront une fusion à rotations beaucoup plus rapides, et qui nous procurera un supplément de chaleur, appréciable pour les molécules sans cesse renouvelées de notre esprit.

. . . .

Je termine en disant que les éclairs d'orages proviennent d'émanations terrestres ne pouvant, à de certains moments, se frayer un passage parmi des amas nuageux trop accumulés.

Etreinte douloureuse d'oxygène et d'hydrogène dont les larmes submergent l'azote exaspéré !

CORPS & BLOCS

Tout vit dans l'Univers, et tout pense.

L'animal pense, le végétal pense, le minéral pense.

Notre pensée humaine est une transformation par évaporation de nos molécules cérébrales, sans cesse renouvelées, et se composant de peuples animalcules à révolutions rapides.

Cette matière graisseuse qui compose notre cerveau, doit recéler des mouvements d'une vitesse extraordinaire, si l'on en juge par les émanations extrêmement fluides qu'ils jettent ou rejettent dans l'espace.

Il n'y a pas de corps neutre ou indépendant.

L'homme ne possède pas un corps à lui propre, car, indépendamment des êtres dont il est formé, et qui pensent tous individuellement, il est envahi par des myriades de blocs parasitaires qui vivent à ses dépens et qui sont composés d'animalcules penseurs.

La Terre pense; c'est un être qui sait ce qu'il fait.

La matière, une et indivisible, est toute-puissante, car elle est illimitée.

Elle emplit l'univers, sans jamais créer un millimètre de vide absolu dans les révolutions partielles et continuelles de sa masse perpétuelle.

Cet univers, envisagé ainsi, n'est point impossible à comprendre pour un cerveau humain.

La pierre du chemin est un bloc, composé d'individus qui pensent et agissent.

C'est un amas d'êtres, formant des peuples divers, comme tous les amas, mais il peut, avec le temps et les éléments, se transformer en individus organisés, peu à peu, pour la déambulation,

Les cerveaux de corps morts, aux émanations plus lourdes, se décomposent en atomes cérébraux, errant, peut-être longtemps à l'entour de nous, avant de s'incarner à nouveau en des cerveaux appropriés à leur nature.

Nous nous en assimilons constamment pendant notre vie.

Les ombres de trépassés — corps charnels devenus fluidiques — peuplent en foule notre atmosphère.

Elles doivent conserver quelque temps, la forme de ces corps, ainsi qu'une certaine puissance d'affinité humaine.

RIEN NE SE TOUCHE

J'ai dit précédemment que l'Univers était une cohésion infinie.

Je dis ici que pas une molécule ne touche réellement à une autre molécule, ce qui ne modifie pas l'assertion précédente.

C'est-à-dire que l'on ne pourrait trouver deux corps quelconques se touchant, ou se soudant réellement.

L'air représente la matière universelle.

Il entoure toujours les corps, petits ou grands, qui évoluent les uns autour des autres sans se toucher jamais.

Les molécules de notre corps ne se touchent point, elles se meuvent en tous sens, en esquissant la forme générale, telles les planètes autour du soleil.

L'acier le plus dur et le plus poli n'a pas une seule de ses particules en touchant une autre, car l'air toujours les sépare.

Un millimètre cube d'air peut se dilater, envelopper notre système planétaire et ne pas donner pour cela sa puissance de dilatation, puisqu'elle est infinie.

De même que celui que nous respirons peut se condenser à l'infini, et, en supposant qu'il soit de pareille densité dans toute l'étendue de notre système planétaire, il pourrait se condenser encore en l'espace d'un millimètre cube, sans donner sa puissance de condensation puisqu'elle est infinie toujours.

L'air est un, l'air est dieu, il est indivisible dans sa pureté.

C'est lui qui forme les différents matériaux de l'Univers, avec sa propre substance.

Il est toujours en mouvement, puisque l'espace est illimité.

Les soleils, les planètes, la terre, les animaux, végétaux, minéraux, le feu, l'eau, tout enfin, est formé par une seule matière infinie : l'Air.

Et la molécule la plus ténue que notre esprit puisse concevoir, est formée de myriades d'autres molécules évoluant sans se toucher jamais!

LUEUR SOLAIRE

Le soleil luit-il véritablement ?

Je ne crois pas plus à sa lumière directe que je ne crois à sa chaleur.

Il serait certainement dangereux pour moi d'aller dire cela en place publique, c'est-à-dire dangereux pour ma liberté seulement.

Mais si les générations actuelles n'adoptent pas cette affirmation, celles qui suivront penseront différemment.

De même que les hommes ou tous êtres quelconques, le soleil est un animal doué d'intelligence et d'évaporation.

De même que pour la chaleur, c'est la fusion des émanations solaires et terrestres qui produit sur les nôtres la lumière qui nous éblouit.

Je suis convaincu que l'on n'apercevrait plus l'irradiation en question, si l'on pouvait aller dans la direction du soleil, à une certaine distance de notre planète.

Et que si, à cette distance, l'émanation terrestre agissait encore sur la nôtre, notre sphère nous apparaîtrait lumineuse à son tour, en supposant toutefois que notre corps ait conservé son calorique, car il serait gelé depuis longue distance, malgré notre approche de l'astre chaleureux.

Il y a dans le fait affirmé ci-dessus une source inépuisable de nouvelles théories, dont l'une est particulièrement intéressante.

C'est celle ayant trait aux ronds lumineux reproduits sur le sol par le feuillage de certains arbres.

L'instinct végétal confondrait la raison humaine, si celle-ci pouvait le comprendre.

Et la configuration, la disposition des

feuilles de ces arbres lui ferait certainement établir une corrélation étroite entre les fluides solaires et terrestres combinés et l'instinct offensif et défensif de la verte ramure.

PLANÈTES GROSSISSANTES

La Terre grossit-elle encore ?

Ou bien, si sa croissance est achevée, grossit-elle superficiellement ?

J'ai dit, je crois, que je la supposais adulte.

Il est bien naturel de penser que les astres que nous voyons évoluer dans l'espace sont des animaux comme nous tous !

Ils sont plus gros, voilà la différence.

Le Soleil n'est pas plus extraordinaire que le ver luisant.

Et tous ces astres, grands et petits, ne doivent peut-être pas vivre seulement d'éther comprimé.

Quelques-uns doivent bien, de temps en temps, s'offrir en pâture aux autres.

Quelle quantité de débris astraux absorbe notre planète par l'un de ses pôles?

Quelle quantité rejette l'autre?

Peut-être serait-il dangereux pour un explorateur de se trouver près du pôle absorbant pendant que nos astronomes observent une pluie d'étoiles filantes.

Les gens que le théâtre et le roman captivent savent que les faits de la vie réelle sont plus émouvants encore, et ce n'est donc que la rapidité avec laquelle se déroulent les faits présentés qui leur procure cette attraction.

Le contraire, — et quel contraire! — se produisant pour les faits planétaires, il est hors de doute qu'il faut une certaine dose de réflexion et d'imagination pour ne voir dans la composition d'un aérolithe, par exemple, qu'un peu de fiente astrale égarée!

L'individu qui regarde dans son miroir les objets placés à quelques mètres derrière lui les voit plus adoucis que si, à la même distance, il les regardait à vue libre, parce que son regard n'a pas à supporter dans son miroir la même épaisseur d'atomes aériens.

A 100.000 kilomètres de notre planète et avec une acuité de vue proportionnée, l'homme se rendrait compte plus facilement que la Terre n'est qu'un animal !

PRESSIONS LIQUIDES ET AÉRIENNES

Des savants ont affirmé que nul être organisé ne pouvait vivre au fond de la mer ou parmi ses couches profondes.

Et cela parce qu'il en aurait été sérieusement aplati, etc.

Les sourires provoqués par certaines assertions scientifiques sont très doux généralement.

Mais il vaut mieux provoquer le sourire que le rire.

Car le rire humain est bien la plus étrange et la plus effroyable discordance qui se fasse entendre sur la Terre.

D'autres savants, depuis, ont affirmé qu'il

y vivait des espèces aussi délicates que celles évoluant sur terre.

Je le crois sans en demander une preuve.

L'épaule d'un porte-faix est compliquée de fibres fort délicates.

Absolument comme celle d'un aristocrate.

Elle supporte cependant le poids de centaines de kilogrammes parfois, et sans dommage.

Le savant croit toujours en la science, surtout en la sienne.

Il n'admet point qu'elle n'est qu'une hypothèse appliquée aux aspirations et aux besoins divers de chaque époque.

La science varie comme tout varie dans l'Univers.

Quant à la pression aérienne, j'ai affirmé que l'air est l'unité universelle.

Que l'espace sans limites est empli d'une seule et même matière, l'air, qui se condense ou se dilate à l'infini, qui crée et forme tous êtres, tous éléments.

Si notre planète s'arrêtait subitement en

sa course, l'homme mourrait aussitôt, parce que l'air, n'étant plus refoulé, n'aurait plus une pression suffisante et n'actionnerait plus ses poumons.

Si la Terre s'arrêtait graduellement, l'homme vivrait peut-être plus péniblement jusqu'à ce que, de génération en génération, ses poumons aient modifié leur structure en conformité d'une plus faible impulsion.

LA COULEUR VERTE

L'air est bleu lorsqu'on en voit une épaisseur suffisante.

C'est pourquoi le firmament nous paraît bleu lorsqu'il est dégagé à nos yeux des amas nuageux qui nous l'interceptent.

Le bleu combiné avec le roux, le jaune ou l'or, se transforme en verts variés, suivant les quantités des tons mélangés et les différentes vitesses de rotation de leurs molécules.

Certains corps, surtout parmi le règne végétal, absorbent une grande quantité d'air qui, se massant et se condensant dans leurs tissus, se combine avec la nuance originelle de ces tissus qui est le roux.

Le feuillage d'un arbre qui cesse d'absorber

l'air reprend sa couleur ou plutôt sa nuance originelle, rousse ou terreuse.

Quelques animaux font de même, comme certaines espèces de lézards qui possèdent de grandes facultés d'absorption.

Lorsque l'on voit, en pleine mer, disparaître le soleil par un ciel pur, on remarque quelquefois une lueur verte produite par un amalgame fugitif de l'or solaire et du bleu aérien combinés.

L'eau d'un fleuve, d'un lac, d'une mer est également bleue lorsqu'on la voit sur une certaine profondeur.

Lorsqu'elle est verte, elle n'est pas, certainement, dans sa couleur naturelle, et l'on peut en trouver la cause d'après les basfonds, les plantes aquatiques ou les jeux de lumière.

Lorsque la surface de la mer accuse une teinte métallique, elle ne contient qu'une partie de l'air absorbé en temps normal.

Le bleu aérien se distingue parfois dans le

sens horizontal lorsqu'on se trouve placé au milieu d'une vaste plaine, limitée, au loin, par de hautes montagnes.

Les couleurs, en général, varient de tons suivant les rotations plus ou moins rapides de leurs atomes. Une couleur appliquée sur du bois ne présente pas les mêmes tons que lorsqu'elle est appliquée sur du fer.

Et cela parce que le genre d'évolutions et la somme de vitesse des molécules du bois, différant de celles du fer, ne communiquent pas la même impulsion aux molécules de la couleur appliquée.

ÉCHOS ET STALACTITES

Les masses populaires sont ignorantes parce qu'elles nient souvent les faits qu'elles ne comprennent point, au lieu de tâcher à les analyser par le raisonnement.

Je n'ai pas la prétention de vouloir faire comprendre, au pied levé, les deux sortes de phénomènes que je relate ici.

Je n'en donnerai que les causes.

On parle quelquefois de châteaux hantés, de maisons où des bruits singuliers, des cris, des plaintes se font entendre.

Ces bruits, ces cris, ces plaintes sont des échos réfugiés en de certaines cavités disposées particulièrement par des êtres ou des éléments quelconques et repris après interruptions même de plusieurs siècles.

Si je suppose un prisonnier ayant été enchaîné, il y a mille ans, par exemple, ses cris désespérés ayant eu une acuité communicative par suite d'une extraordinaire évaporation cérébrale ont électrisé le heurt de ses chaînes ou les coups sourds de la porte frappée.

Si leur écho s'est enseveli en partie dans un mur, une pierre, une excavation quelconque, dont la disposition le retienne à l'état latent, il en sortira un jour, un an, un siècle après, en reprenant sa netteté primitive.

Certains coquillages contournés spécialement gardent toujours le bruit de la marée.

Les stalactites que l'on découvre dans certaines grottes et représentant principalement des ornements de palais, d'églises ou cathédrales sont un produit matériel d'imaginations humaines animées d'une foi sincère ou d'une admiration profonde.

Non seulement la foi soulève les montagnes,

mais elle les mine réellement par une évaporation cérébrale intense et en reproduisant par une succession de transformations purement physiques et chimiques les images qui l'ont exaltée.

CERVEAU CRÉATEUR

Nous vivons à une époque où l'athéisme le plus grossier domine les peuples.

J'entends par athéisme grossier celui qui se présente sous la forme d'une négation irraisonnée.

On nie Dieu, c'est-à-dire la puissance infinie, sans offrir un argument de réelle valeur à l'appui de cette négation.

On nie Dieu, parce qu'on ne le voit pas sous une forme tangible.

On ne se donne même pas la peine de chercher à le comprendre.

On nie également les miracles ou phénomènes d'ordre physique que peut provoquer une foi sincère.

Ces miracles, pourtant, ne sont que peu en comparaison de la multitude de ceux qui se produisent autour de nous et... en nous-mêmes.

Je vais, ici, affirmer un fait.

Toutes les images que produit notre imagination existent matériellement aussitôt que notre cerveau les a conçues.

Voilà une affirmation qui paraîtra étrange.

Et cependant cela est.

Si le cerveau humain, ou animal, imagine en sa pensée la forme d'un être ou objet quelconque, montagne, rivière, astre, pierre, arbre, trépassé, bête féroce ou monstre horrible, etc., tout cela existe réellement aussitôt conçu.

Cela existe matériellement, et la matière est fournie par les émanations cérébrales.

Et puisque la photographie est un art et même une science très en pratique aujourd'hui, je prétends qu'il existe et qu'on trouvera peut-être des moyens de photographier les images, même les plus étranges, que pourra concevoir notre cerveau.

Je répète que tous les phénomènes que nous voyons ne sont rien en comparaison de ceux que nous ne voyons pas ou que nous ne savons pas voir.

MAGNÉTISME ET PERSÉCUTION

Certaines natures sensitives se plaignent de persécutions incessantes et qui n'existent pas visiblement pour leur entourage.

Nos corps médicaux, de même que le populaire, ne voient en cela que les effets moraux d'une maladie.

Mais en réalité ces malades ne le sont pas, car ils sont parfaitement les victimes poursuivies par une accumulation incessante des faits qu'ils redoutent.

Je ne dirai rien de ceux qui voient des ennemis partout et des assassins en tous lieux, car cela procède, au fond, du même genre de magnétisme que pour celui qui craint le voisinage des chiens, par exemple, et trouve constamment ces animaux sous ses pas.

Et pour cet autre qui, craignant le coudoiement dans une foule, est coudoyé bien plus souvent, en réalité, que celui qui ne le craint pas.

Des faits considérés comme banals abondent dans ce sens, car tels individus désirant passer inaperçus dans une cohue, ne font que rencontres. Et tels autres désirant ces rencontres ne verront aucun visage connu.

Cela se définit, paraît-il, par le mot « hasard ».

Il existe d'autres individus qui se trouvent toujours présents lorsque leur prochain court quelque danger. Ils n'ont plus qu'à faire agir leur bonne volonté pour le sauver.

Un certain nombre de ces sauveteurs comptent vingt à cinquante sauvetages pendant le cours de leur vie, ce qui est, je crois, aussi extraordinaire que les plaintes d'un persécuté incompris.

Les deux cas relèvent du magnétisme, et ces sauveteurs dont la fierté a été caressée dès leurs débuts par des louanges ou des récompenses se sont créé une idée fixe, par le désir constant de trouver des victimes sur leur chemin.

C'est une fascination à distance, et nos effluves cérébraux valent bien le fil métallique qui transmet une dépêche de Chine, car un joueur de boules pourrait faire dévier son engin, de son regard inconsciemment magnétique.

Un cas intéressant se produit quelquefois au jeu de la « Roulette » à Monaco.

Lorsqu'un numéro sort pendant qu'un spectateur, témoin du fait, se trouve comme plongé dans une sorte d'extase, le cerveau de ce dernier magnétisera le fait qui, alors, se renouvellera ; c'est-à-dire que le même numéro sortira encore.

Il pourra sortir indéfiniment s'il est appelé par le magnétisme d'autres spectateurs extasiés, ou même, de joueurs dont l'exaltation trop forte a tombé et fait place à l'inconscience ou à l'hébétement.

Dans les catastrophes de chemins de fer, par exemple, le même genre de magnétisme se produit parfois, multiplié alors par les imaginations frappées des foules.

C'est alors qu'une longue série de ces catastrophes peut se produire.

Notre pensée magnétise les faits de la journée et les reproduit dans nos songes, mais seulement lorsque le fait est impressionnant, ou lorsque notre attention a été brusquement détournée d'un fait à peine esquissé.

Un autre genre de magnétisme est provoqué par la multiplication des mauvais souhaits.

Si la victime ayant accumulé des haines sur elle, est coupable, elle en subira tôt ou tard, et fatalement, les effets.

Un exemple :

Prenons comme victimes futures les voitures automobiles actuelles, qui circulent en laissant aux piétons dépassés, des nuages de poussière qu'ils apprécient mal, généralement.

D'un côté, l'automobilisme est coupable, car il trouve certainement du charme à écraser, empoisonner et microbiliser les passants. Sans cela il n'aurait guère raison d'exister! De l'autre côté, les piétons, dont les narines protestent, éprouvent un premier soulagement à souhaiter une courbe savante dans un ravin pour l'auteur de leur infortune.

Alors?

Attendons la série de catastrophes des voitures sans chevaux, tout en ne souhaitant que la dislocation d'icelles.

LE FEU

Je conçois le feu comme une désagrégation anormale d'un corps quelconque.

Une violence exercée sur ses molécules superficielles.

Ce qui est le contresens d'une loi naturelle, d'après laquelle l'évaporation d'un corps doit se faire de l'intérieur à l'extérieur.

Des molécules solaires se combinant avec celles de certains corps vaporeux contenus dans l'écorce d'un arbre, par exemple, peuvent enflammer cet arbre, dont les particules les plus légères d'abord, subiront la nouvelle et rapide impulsion donnée et la communiqueront bientôt aux autres.

Quant à la cendre, qui refuse toute impulsion de molécules solaires ou terrestres, elle a peut-être en réserve une très grande destinée, malgré sa stérilité apparente.

L'eau n'éteint pas le feu, dans le sens radical.

Elle imperméabilise les particules prêtes à tournoyer au contact de celles déjà tournoyantes, et arrête la rotation de ces dernières qui s'évaporent alors en fumée mêlée à la vapeur de leur ennemi.

Les mouvements intérieurs de notre planète sont certainement fort rapides, surtout parmi ses organes principaux de vitalité, mais le feu y est étranger car, seule, la chaleur animale est possible dans le corps terrestre comme dans le nôtre.

La lueur ambiante du feu n'appartient pas à ce dernier.

Le feu n'est qu'une transition de transformation, et sa lueur se compose des particules du corps brûlé, dont les nouveaux mouvements se combinant avec ceux des effluves terrestres, forment un amalgame rapide, irradiant nos propres émanations cérébrales.

Certaines autres lueurs agissent sans l'intermédiaire du feu.

Le corps d'un ver luisant, l'œil d'un fauve dans les ténèbres, projettent directement leurs lueurs, qui ne sont lueurs que pour nous.

Je termine en faisant observer que les volcans ou cratères ne sont que des sortes de furoncles minuscules éclosant parfois, — tous les 2 ou 3000 siècles peut-être, — sur la peau de notre planète et laissant s'écouler, de temps en temps, un peu de pus que la science désigne par le nom de « lave », sans se douter des causes de sa formation, lesquelles ne relèvent que de la Médecine et non de sciences aveugles comme la Géologie et la Géogénie.

RELIGIONS

Les religions sont la meilleure hygiène de l'esprit et du corps.

Les individus qui s'en déclarent les adversaires n'en comprennent pas les bienfaits.

Ce sont, généralement, les classes moyennes des peuples qui fournissent la majeure partie des athées.

L'humble classe, bien réduite aujourd'hui, du bon paysan naïf et honnête, croit en Dieu par intuition.

La classe des intelligences d'élite croit en Dieu par déduction.

Dieu veut dire : force illimitée, puissance infinie, cohésion universelle.

Si je suppose un homme assez colossal

pour pouvoir avaler le soleil sans difficulté, cet homme ne sera pas plus puissant que nous, en face de la matière sans bornes.

L'une des plus belles religions est celle dont le Christ a semé les germes sous la forme de sentences absolument divines de vérité.

Ses propagateurs ont ajouté la Douceur à la Beauté, en instituant le culte de sa mère.

Les masses populaires ne comprennent point qu'une religion doit être parée pour être bien pratiquée.

Comme un mets doit être épicé pour être bien dégusté.

Le ciel et l'enfer sont présentés sous une forme tangible afin de mieux inculquer l'idée de la justice éternelle, c'est-à-dire la loi des compensations.

Et comme nous ne mourons pas, dans le sens absolu du terme, mais que nous nous désagrégeons simplement, esprit et corps, en abandonnant notre corps charnel pour aller participer à la vie d'autres constitutions, les molécules de l'esprit méchant erreront, souffriront et ne pourront s'incarner à nouveau qu'en des organisations inférieures.

Tandis que les mânes ou esprits bons trouveront l'incarnation chez des êtres d'une essence supérieure à celle de notre misérable Humanité.

CE QUI N'EXISTE PAS

Quels sont les termes dont on se sert pour désigner ce qui n'existe pas ?

Ce qui n'a pas de vie, ce qui n'a pas de place marquée dans le mouvement universel.

Le Vide, le Son, la Forme, le Temps, le Néant sont des « choses » immatérielles et auxquelles j'ajouterai la Lumière et les Couleurs.

Le Vide n'existe nulle part, car l'Univers est fait d'une matière homogène et illimitée, se dilatant ou se condensant à l'infini et sans arrêt.

Je dis autre part que l'Air est cette matière simple qui forme tous êtres ou toutes choses.

Le Son n'est qu'une agitation aérienne, se répercutant sur l'ouïe.

La Forme qui nous paraît acquise pour un temps ne l'est jamais en réalité, car aucun corps dans l'Univers ne conserve une forme définie, pendant une seconde ou fraction de seconde.

Rien n'est immuable, tout se meut parmi les molécules et les molécules de molécules qui forment en apparence des corps quelconques.

Il serait possible, d'après cette thèse, de prouver que rien n'existe !

Le Néant n'existe pas, l'Avenir même n'est pas dans le néant : il existe, par cela seul qu'il aura fatalement son tour, puisqu'il sera amené par l'Eternité.

Le Temps n'existe pas.

La Lumière est immatérielle, en tant que lumière et n'est produite que par une diffusion moléculaire des émanations astrales avec celles de notre planète ou de ses voisines.

La nature de cette diffusion provoque, en notre cerveau, la radiation des effluves qu'a perçus et rejette notre organe visuel.

L'analogie est la même pour toutes autres lumières ainsi que pour la chaleur solaire, qui n'existe pas davantage en tant que chaleur, et dont je parle autre part.

Quant aux couleurs, elles ne sont, également, que le résultat des différentes évolutions moléculaires des corps, se combinant avec celles des effluves lumineux que notre cerveau emmagasine.

ÉVAPORATION CÉRÉBRALE

Le cerveau humain dégage une grande quantité de fluide à l'état ordinaire.

A l'état de surexcitation, ce fluide acquiert une puissance telle, qu'une foule animée d'un même et violent sentiment peut provoquer des désordres atmosphériques.

Une certaine quantité d'invidus assemblés peut faire produire un orage par suite d'une évaporation extraordinaire de leurs cerveaux.

J'entends par évaporation extraordinaire celle qui résulte d'une douleur publique, d'un effroi général, d'un courroux profond, d'une prière commune, etc.

J'ai assisté dans la ville de Lyon aux funérailles d'un président de la République française, assassiné dans cette ville,

Ce magistrat avait une réputation d'intégrité et de noblesse dans ses fonctions qui lui avait gagné les cœurs du populaire.

Le jour même des funérailles, la ville se couvrit d'un brouillard dense, malgré la saison.

C'était vers la fin de juin.

Le soleil offrait l'aspect d'un disque rouge brun et facile à fixer à l'heure de midi.

La mort du Christ, ayant provoqué une émotion beaucoup plus forte encore, fut accompagnée d'orages.

L'évaporation trop intense qui ne pourrait se dégager d'un cerveau provoquerait l'aviation, même chez un individu éveillé.

Elle soulève quelquefois notre corps pendant son sommeil.

Comme celle du corps, l'évaporation du cerveau se fait plus parfaitement pendant le sommeil et précipite plus facilement le mal au dehors.

Le bien lui vient donc aussi en dormant.

J'entends par « mal » tout corps étranger à l'organisation nécessaire d'un individu, et qui s'y implante pendant l'état de veille.

Et par « maladie » les différents effets causés par ce que l'on nomme vulgairement une « sueur rentrée », laquelle ne se produit, toujours, que sous l'influence de courants d'air.

TRANSFORMATIONS ANIMALES

Les filières animales n'ont, en réalité, aucun point de départ parmi les corps organisés ou non, car toutes choses ont leur genèse dans l'Air même.

Qu'était donc le requin avant d'être requin ?

Je n'ai pas l'intention de chercher aussi loin en ce moment, et préfère revenir du requin jusqu'à l'homme en passant par le phoque, l'hippopotame, le rhinocéros, le bison, le sanglier, l'hyène, l'écureuil et le singe !

Il est bien certain que les espèces reliant les points de repère fantaisistes cités dans cette énumération sont innombrables ! !

Il est, en outre, assez rare qu'elles aboutissent vers une Humanité dont elles reviennent parfois, peut-être.

Elles dévient donc, et les causes de ces déviations sont nombreuses !

Si je domestique un zèbre pour le monter et parcourir le désert, il broutera plus souvent les feuillages de rares oasis qu'il ne fouillera dans un sac de graminées !

Et mon zèbre s'appellera girafe dans un cent de siècles.

Lorsque l'homme utilisait des moutons ou similaires pour quelque genre de transport insoupçonné de nos jours, ces moutons, dont l'énergie était sans cesse réclamée, se sont beaucoup développés, mais l'agenouillement leur a déformé les genoux et la maigre nourriture cueillie à distance leur a allongé l'encolure, soit en broutant aux arbres, soit en essayant d'atteindre quelque brin d'herbe, étant chargés.

Aujourd'hui ce sont des chameaux dont la

ou les bosses ont, encore, été créés par l'asservissement. Et les différents genres de bâts qu'ils ont eu à supporter ont provoqué un cintrage de leur épine dorsale, laquelle ne se modifiera plus de longtemps, la force de résistance étant acquise maintenant.

Cependant, et si, par suite d'une cause quelconque, le chameau était utilisé en Europe, par exemple.

S'il n'était plus chargé, mais seulement attelé.

S'il pouvait compter, désormais, sur une nourriture quotidienne et abondante.

Quelques milliers d'années, alors, pourraient voir s'atténuer progressivement sa disgracieuse proéminence et disparaître, dans le même temps, le magasin alimentaire dont l'instinct défensif l'avait simultanément pourvu en profitant de la déviation dorsale pour l'établir.

POISSONS ROUGES ET FEUILLES MORTES

Le cerveau est le grand architecte du corps humain, ainsi que de tous les corps, car tous les corps ont un cerveau, ou point de départ de leur vitalité.

C'est le cerveau qui forme le corps, le modifie dans la filière de ses reproductions suivant ses nouveaux besoins, ses nouveaux penchants.

Tout homme a le pouvoir de se faire pousser une verrue sur le nez s'il peut se créer une idée fixe.

Il est aisé de prendre un enfant en bas âge et de lui offrir sa nourriture à distance calculée, de façon à lui faire tendre le col chaque fois, chaque jour et graduellement.

Ce col sera bientôt hors de sa proportion.

De même pour d'autres membres ou organes.

Un fait remarquable également, c'est la couleur que certains animaux s'approprient afin de dérouter les regards ennemis.

L'ours blanc se distingue moins sur son glaçon et l'ours brun se dissimule mieux dans sa caverne.

Nombreux sont les animaux que l'observateur peut admirer dans la similitude qu'offre la nuance de leur enveloppe avec les lieux qu'ils habitent ou fréquentent.

Les poissons rouges d'un bassin ombragé se confondent admirablement avec les feuilles mortes tombées à fleur d'eau.

Ils sont d'abord bruns, puis striés rouge et brun, puis rouges, et ensuite lorsqu'ils avancent en grosseur ils deviennent blanc rosé, puis blanc terreux.

Ils suivent les mêmes étapes que les feuilles mortes tombées, adoptant l'ordre dans lequel elles se décomposent.

Et maintenant si les premiers hommes ont fait de même lorsqu'ils habitaient des cavernes, leur noir était bon teint, car le vieux peuple chinois n'est pas encore blanc!

LE VIDE

Le vide n'existe nulle part.

Un boulet de canon allant de la terre au soleil en une seconde, par exemple, ne formerait pas derrière lui un millimètre cube de vide pendant un millième de seconde.

Mieux encore.

Si ce boulet rencontrait exactement sur sa route ce même millimètre cube de vide, il ne le franchirait point.

Dévierait-il? Se briserait-il? Tomberait-il? Reviendrait-il?

Mais il ne le franchirait point.

L'attraction des astres n'existerait pas si le vide existait entre eux.

La matière est infinie dans son étendue, sa puissance et dans ses transformations.

Une âme simple la devine et l'appelle Dieu.

Une âme élevée la raisonne et l'appelle Dieu.

Elle est une, par nature, et indivisible par l'absence du vide.

Je conçois l'air pur comme matière unique se condensant de ci, se dilatant de là, et sans arrêt formant tous êtres et toutes choses.

L'air pur est l'élément divin dans lequel s'effectue la genèse des êtres.

Le minéral est composé d'air condensé par rapport à notre propre densité, et la lumière est composée d'air dilaté.

On devrait comprendre sa mobilité obligatoire, puisqu'il est infini.

Et je répète que le vide ne peut pas exister, que ce serait un non-sens, qu'un projectile n'en fait pas, parce que l'air fait corps avec lui, ou bien se dilate suivant la vitesse acquise.

Le chimiste ne fera jamais le vide absolu dans ses appareils.

Je termine en faisant remarquer que la course terrestre ne saurait être, exactement, assimilable à celle d'un boulet de canon.

Car il est probable que notre planète ainsi que ses voisines sont emportées dans une nappe aérienne effectuant, autour du soleil, un mouvement giratoire provoqué par la rotation de ce dernier, peut-être, mais plus vraisemblablement encore par un mouvement « angoissé » résultant de l'éternelle Etendue.

RIDES TERRESTRES

Quel âge doit avoir la Terre ?

Ou plutôt, à quel moment de son existence appartenons-nous ?

Jeunesse, maturité, vieillesse sont trois temps déterminés dans la vie d'un homme.

Mais dans celle d'une planète ?

Je lui suppose la force de l'âge mûr tout au plus, car elle paraît n'en être encore qu'à ses premières rides !

Et ces premières rides ne sont que superficielles. Ce ne sont point des sillons.

Si la lune pouvait les voir, ce ne pourrait être qu'avec une loupe.

Et cependant, elles sont déjà nombreuses, nos routes ferrées de rails !

Puisque la terre est un animal qui pense et agit, elle se ridera comme animaux quelconques, comme végétaux, minéraux.

Chez l'homme, les maladies activent souvent l'éclosion de rides.

Je vais supposer notre planète malade pendant une centaine de siècles :

Ses sources seront moins abondantes ;

Ses évaporations ne rendront plus la même masse d'eaux fertilisantes.

L'homme, alors, privé de plus en plus de cet élément indispensable à son existence, n'aura d'autre moyen de défense que la création d'innombrables canaux captant à leur passage ce qui restera des fleuves d'antan.

Ce seront là des rides plus accentuées.

Rides terrestres créées par des infiniment petits, par des peuples d'animalcules penseurs, par les hommes enfin !

Et cela se passe de la même manière pour nous.

ÉTOILES

J'ai fait remarquer précédemment que toutes les formes s'agitant dans l'espace, toutes les images plus ou moins stationnaires en apparence, l'insecte qui vit un jour, une seconde et moins, les planètes qui vivent cent mille siècles et plus, sont formés de particules ne se touchant jamais et tourbillonnant, évoluant, gravitant sans cesse, les unes autour des autres, tout en respectant la forme fugitive du corps, de l'image, à la configuration desquels elles participent jusqu'à la mort ou désagrégation d'iceux.

Lesdites particules, ayant elles-mêmes une forme vaguement momentanée, sont composées à leur tour d'autres particules qui gravitent également dans la sphère qui les retient temporairement.

Et ainsi de suite sans limites aucunes, car l'Infini existe dans le petit comme dans le grand.

Le soleil accompagné de ses satellites gravite lui-même autour d'un autre astre qui, à son tour, fait de même.

Si je suppose une centaine de mille de systèmes solaires évoluant dans l'espace et formant par leur configuration l'image, le corps d'un être ressemblant à un homme, par exemple, et que cet homme habitât une planète proportionnelle, quelles pourraient-être les dimensions de l'un et de l'autre?

Par combien de trilliards de lieues s'établirait la longueur du nez de cet homme?

Et cependant la planète qui le porterait ne serait pas même un point infime dans l'immensité de l'espace infini.

L'homme est une molécule terrestre qui a son utilité pour notre planète, à moins qu'il ne soit qu'un microbe malfaisant destiné à lui contaminer son épiderme!

Les astres, ou tous animaux du même genre contribuent à l'image à la vie d'un corps et ainsi de suite...

Les amas que le savant nomme des systèmes solaires; la masse des étoiles; tout notre firmament enfin, sont emportés dans une des myriades de nappes aériennes dont l'univers se compose; dont nous ne pourrions guère concevoir l'étendue et parmi lesquelles les gravitations s'accomplissent.

Par contre, les peuples d'infiniment petits qui vivent sur la première phalange de notre auriculaire ne pourraient guère concevoir l'énorme distance qui les sépare de la deuxième!

Et, si ce sont des peuples humains, leurs systèmes solaires doivent évoluer sans gêne entre l'épiderme de notre doigt et la peau de notre gant!

HISTOIRE D'UN GALET

Le cerveau est un assemblage de peuples.

Tous corps quelconques modifient leurs constitutions ou leurs configurations suivant leurs nouveaux besoins, leurs nouveaux mouvements.

Il y a cinq mille siècles, peut-être cinq cent mille, un galet fut projeté loin de sa grève par une mer agitée.

Il croupit quelques milliers d'années parmi des terreaux humides.

Il se crevassa, il se creusa peu à peu sous la chute lente de gouttelettes marines égarées.

En ses parois poreuses, se réfugièrent pendant longtemps des atomes cervicaux échappés de corps morts.

Des milliards de peuples animalcules y vécurent d'abord en désaccord, puis fusionnèrent dans la suite.

Au fond de cette sébille, une sorte de marais minuscule, glauque et stagnant, se formait.

Sous sa surface légèrement durcifiée, une matière gluante se déplaçait lentement, quoique les mouvements des animalcules qui la composaient fussent d'une rapidité inimaginable.

C'était un cerveau.

Cet amas ténu de matière malléable vivait déjà, il pensait, il aspirait à se mouvoir, et cette aspiration première provenait et d'un grand changement d'existence chez les milliards de peuples moléculaires qui le composaient.

Sous la poussée incessante de désirs, provoqués par des fluides ambiants ou de passage des fibres se formèrent ;

Des anneaux succédèrent ; le cerveau se prolongeait !

Des muscles succédèrent, le cerveau rampait !!

Des membres succédèrent, le cerveau marchait !!!

Ecce homo !

COURANTS D'AIR

Dans le cours de cet ouvrage j'ai dit plusieurs fois que les courants d'air étaient la seule cause de nos maux physiques ou intellectuels.

Je dis « intellectuels », car la folie ou le rhumatisme sont issus de la même cause.

Aucun individu ne jouit d'immunité à ce sujet.

Mon intention n'est pas de développer ici la longue série des effets produits par les différentes sortes de courants, lesquels sont créés par les différentes dispositions des baies pratiquées aux logements des hommes et de leurs animaux domestiques.

Telles dispositions d'ouvertures forment

tels courants, et tels courants affectent tels de nos organes.

Ces ouvertures aux pays chauds, par exemple, sont généralement disposées pour établir un courant de bas en haut et affectent de préférence les yeux et l'abdomen.

La cécité n'y est point rare, et la peste, le choléra ou maladies d'intestins, quelconques, y sont à l'état endémique.

Une habitation, un véhicule dont les ouvertures sont disposées d'un seul côté contiennent un air sain.

Lorsque ces ouvertures sont disposées face à face, de biais, ou si, par une disposition intérieure de la maison, il se forme un tirage, un appel, le courant d'air se forme malsain. Surtout si l'air intérieur est vicié par des émanations contagieuses !!

Les épidémies de casernes ou agglomérations quelconques n'ont pas d'autres causes.

Les vagues ondulatrices de l'air extérieur, se heurtant dans une habitation, se brisent et se transforment en myriades de cyclones minuscules qui dévastent notre épiderme ou nos organes respiratoires.

Sous leur influence, nos pores se contractent, nos émanations arrivant au contact de l'air ne se léquifient plus normalement et sont en partie refoulées et transformées en pus.

Le pus campera sur un organe quelconque et le médecin indiquera le nom de la maladie !

Certaines affections, comme la tuberculose pulmonaire actuelle, se déclarent directement, pour ainsi dire, sous l'influence de courants d'air, contaminés ou non contaminés.

Je me permettrais certainement de plaisanter la science médicale, cherchant actuellement et de façon assez comique un remède contre la tuberculose, si cette maladie n'était pas aussi dangereuse pour l'avenir de notre espèce.

CRITIQUES

La science humaine a toujours été variable ou indécise.

Et tels principes adoptés par les savants de la veille sont discutés par les savants du jour, puis repoussés par ceux du lendemain.

La physique admet un feu terrestre intérieur.

Est-ce parce que des volcans ont craché des matières en ignition ?

Mais ces matières n'ont pu prendre feu qu'en parvenant vers l'orifice de la croûte terrestre !

Il ne serait pas plus insensé d'affirmer que notre sueur arrive, sous forme liquide, de nos tissus intérieurs.

Car il est à croire qu'elle est gazeuse avant d'atteindre notre épiderme.

Elle ne se liquéfie intérieurement que lorsqu'elle est refoulée sous l'influence d'un courant d'air, et forme bientôt le pus germinal engendrant nos diverses maladies.

La chimie considère notre atmosphère comme composée de deux corps essentiels :

L'oxygène et l'azote.

Mais le dernier émane directement de notre planète, et n'a rien de commun avec l'air pur, dans lequel se meuvent tous astres ou noyaux quelconques formés par lui dans l'infini de sa mobilité.

Que les corps humains ou similaires ne puissent vivre sans l'azote, et même l'hydrogène, c'est fort naturel, puisqu'ils prennent vie dans ce mélange.

Mais l'air pur est une matière fluidique qui n'appartient pas plus à la terre que l'eau refoulée par une baleine n'appartient à celle-ci.

Si l'air appartenait à notre planète, sa pression ne se produirait pas verticalement.

L'air pénètre tous les corps, les entoure, et tous les corps sont formés de sa substance.

Ce qui n'implique pas, cependant, l'obligation de le confondre avec des corps différents pour nous, et d'en former un seul élément.

L'Univers est composé d'un seul corps simple, l'air, qui est le seul cohésif dans sa pureté et qui n'est formé d'aucunes particules.

L'astronomie prétend peser, cuber ou mesurer les astres.

C'est prétentieux, en effet.

On est souvent victime de mirages ou d'hallucinations de perspective sur notre propre planète, et on n'en admettrait pas pour des distances où l'air vierge ne doit pas, à nos yeux provoquer les mêmes mensurations que notre air dénaturé ?

Ainsi que l'eau refoulée, l'air refoulé par la terre ne peut conserver son même sens et ses mêmes ondulations.

L'astronomie prétend encore que le soleil nous éclaire lui-même.

Est-ce parce qu'il projette son évaporation sur la lune comme sur la terre, par exemple, que nous pouvons admettre, comme une preuve, la lumière qui semble en résulter ?

J'ai déjà dit que c'est l'amalgame de notre propre évaporation cérébrale, avec celle de la terre et celle des astres, arrivant jusqu'à nous, qui produit sur nos sens visuels l'irradiation qui nous paraît lumineuse.

Si cette irradiation venait à disparaître, l'homme verrait tout aussi bien lorsque les siècles auraient modifié sa vue sous l'empire de la nécessité vitale.

Certains animaux ne voient que la nuit.

D'autre part, et en admettant les volumes respectifs du soleil et de la terre, ainsi que la puissance lumineuse du premier, pourrions-nous donc voir certaines étoiles, même à minuit ?

Lorsque l'astronomie considèrera la terre comme un animal, elle saura pourquoi l'aiguille aimantée est attirée vers le nord-pôle.

Une aiguille de ce genre, pesant quelques centaines de kilogrammes, pourrait être fixée à la nacelle d'un ballon dirigeable, monté par un explorateur dudit pôle. Celui-ci, nouveau Jonas, en verrait peut-être le fond !

La psychologie n'a que conjecturé, jusqu'à présent sur la cause réelle de notre pensée, de notre volonté, de notre entendement.

Et, pourtant elle affirme aussi que l'espace est infini, que le temps est infini, que tout est infini.

Mais, alors, l'infini existe bien dans le petit comme dans le grand?

Notre pensée n'est donc, absolument, qu'une matière dont la ténuité est infinie, puisqu'elle vole, d'un seul bond, au delà de tous les astres que nous connaissons!

Ce n'est donc, toujours, que de la matière qui franchit ainsi l'espace.

Et l'on ne voudrait pas admettre qu'une fluidité pareille, dominant ou se soumettant suivant la position fugitive des atomes ou éléments ambiants, ne puisse provoquer, par affinité, nos mouvements soi-disant volontaires?

Oh! je sais que le cerveau humain ne comprend pas aussi bien l'infiniment petit, que l'infiniment grand, car sa nature tend à l'expansion plutôt qu'à la concentration.

Mais, puisqu'il a créé des mathématiques, la géométrie, pourquoi ne s'en sert-il point pour le comprendre?

Peut-on fractionner, sans cesse, un nombre quelconque et parvenir à obtenir zéro?

La géométrie ne peut-elle imaginer l'univers comme une spirale sans bouts !

La physiologie, également, se confine au point de ne pas faire descendre notre espèce plus bas que celle des gorilles, ou analogues.

Mais, il faudrait être bouché, et même cacheté, pour ne pas comprendre que notre filière ne peut avoir ce commencement.

Puisque l'infini et l'éternel sont admis comme immuables dans la succession de toutes transformations, ils doivent, également, être admis dans la précession de ces transformations.

Il me reste à critiquer la médecine, que je considère comme aussi coupable qu'ignorante, parce que l'amour de sa conservation et la soif de sa renommée lui ont fait rechercher des remèdes, merveilleux en apparence, mais toujours nuisibles dans la suite au lieu d'avoir cherché, trouvé et exposé la cause de nos maux.

Cela seul a entravé la marche de l'humanité vers une plastique perfectionnée, qui serait peut-être déjà atteinte.

J'ai dit que, seul, le courant d'air nous procure des maladies, et je comprends que la gent médicale ne désire pas la suppression de cette cause, car il faut bien maintenir ce fructueux sacerdoce, afin de donner un but à la vie de trop nombreux adeptes et... sacrificateurs!

Si le juge condamnait, à perpétuité, les malfaiteurs trois fois récidivistes, il n'y aurait bientôt que fort peu de juges.

Lorsque je pense aux doctes assemblées tenues par ces comiques bourreaux de détail ainsi qu'à l'admiration stupide des foules pour leurs burlesques théories, comme celles des traitements glacés, par exemple;

Lorsque je pense, surtout, à ces grands microbiens qui nous inoculent une maladie pour nous en préserver, en vertu, probablement, de cette remarque, que les pots fêlés ne se cassent pas !

Cela me rappelle le dicton « Un perdu, dix trouvés » ; car, pour une maladie prévenue, dix autres se déclarent, auxquelles ils appliquent des noms fantaisistes comme : anémie, tuberculose, influenza, etc., parce qu'ils sont incapables d'en soupçonner l'origine.

Le mal ne se guérit jamais !...

Il peut disparaître en apparence, chez un individu, mais il se déclare, plus tard, sous une autre forme.

Ou bien il suit son cours parmi l'espèce.

L'individu, propriétaire d'un « grain de beauté », d'une « envie », d'un « goitre », l'aveugle, le sourd-muet, le difforme, etc., possèdent un extrait de mal ancestral.

Je dis, encore une fois : Sans courants d'air, pas de maladies !!

Et je prétends parcourir, sans risque, des foyers épidémiques, étreindre, sans crainte des pestiférés si je puis faire disposer, selon mes principes, l'aération des salles infestées.

Car le germe d'une maladie ne s'implante en notre épiderme, ou dans nos voies respiratoires, que sous l'influence dévastatrice et perforatrice de minuscules cyclones aériens contaminés ou non.

Je termine en m'adressant à la Physiologie, à la Psychologie, à la Physique, à la Chimie, à la Médecine et à l'Astronomie :

Toutes les preuves que vous croyez trouver dans vos recherches ne vous apparaissent réelles, bien souvent, que par votre désir de les voir telles.

Seule, la Métaphysique intelligente peut obtenir des résultats.

Car nous possédons, en notre cerveau, le germe idéal des vérités éternelles !

Je présente donc ici deux principes de base et je dis : Puisque l'Univers est illimité, il est donc toujours en mouvement, soit dans sa dilatation, soit dans sa condensation.

Le mouvement n'est que la vie, puisque la vie n'est que mouvement.

Alors tout vit.

Et, puisque tout vit, les astres vivent!

Et, si les astres vivent, ce sont des êtres!!

Voilà pour le premier principe.

Je passe au second.

Quelle est la plus grande étendue perçue par notre regard?

C'est l'espace ou ce qui nous paraît tel.....

Par quelle matière est-il empli, puisque le vide n'existe pas?

Par l'air: Base universelle.

C'est l'air qui nous fait vivre, et c'est l'air qui nous tue.

Cela sera-t-il compris de ce temps? j'en doute, car:

> Ils ont deux yeux pour ne point voir,
> Et deux oreilles pour n'entendre,
> Un cerveau pour ne point comprendre,
> Et comme langue, un encensoir.

DIALOGUE HOMO-TERRESTRE

Terre, je t'ai comprise, Humble parmi les hommes,
Je sais ce que tu es, je sais ce que nous sommes !
Tu n'es qu'un animal infime en l'Infini,
Dont le genre est connu ! le rôle, défini...
Vibrion... parasite au corps d'un plus grand être
Que je ne conçois pas, mais qui pourrait peut-être
Recueillir dans sa main cent mille astres perdus !
Comme nous, possédant des enfants, des ancêtres ;
Ayant ses dieux, ses lois, ses esclaves, ses maîtres,
Ses peines, ses plaisirs, ses vices, ses vertus.
Terre, as-tu parcouru dans sa grandeur extrême
Ce corps, vaste pour toi, mais bien petit lui-même!
Car il est, à son tour, ce titan, ce géant,
Particule d'un corps, toujours, encor plus grand!

Le connais-tu, dis-moi, cet être que tu hantes?
En lequel tu te meus? Sur sa masse grouillante
D'astres et de soleils, es-tu puce? es-tu pou?
Oh! ne t'indigne pas, car sur ta carapace
Des poux vivent nombreux, et leurs diverses races
Sur ta circonférence ont creusé plus d'un trou.
Tu te moques, je crois! C'est ton droit, ô planète.
Sans doute, tu ne crains, que si petite bête
Puisse un jour empêcher ta masse de planer!
Pourrais-tu l'affirmer? Sache que notre race,
— Parmi les animaux qui foulent ta surface, —
Forme le Genre humain. Elle a pu dominer,
Dompter et subjuguer d'autres races sans nombre,
Combattant au grand jour, luttant dans la nuit sombre
Pour conquérir le droit de vivre sur ta peau,
Le droit de te fouiller; découvrir les mystères
Que recèle ton sol. Sous la hutte éphémère
Les hommes ont, longtemps, contemplé des berceaux,
Ils ont trouvé, longtemps, refuges et tombeaux;
Ils ont songé, longtemps, en sondant les Abîmes,
En cherchant, dans les cieux, les invisibles Cimes
Qu'évoquait, lentement, leur esprit faible encor.

Ils ont banni l'Instinct, ce moteur de la bête,
Adoptant la raison qui modela leur tête,
L'arrondit, lui donna la forme de ton corps!
La forme de ton corps... Une époque lointaine
M'apparaît... J'entrevois sa lueur incertaine
Qui franchit en l'Espace un parcours effrayant.
Elle vient jusqu'à moi... Mon cerveau s'en empare...
La lueur à présent est un immense phare
Baignant de sa clarté, mon regard vacillant.
Je distingue bientôt un globe rayonnant,
Et reconnais Phébus! Mais quel est ce mystère?
Il porte dans son sein l'embryon d'une Terre!
Je vois, j'entends, il gronde; il pâlit maintenant;
Il tremble et sur son flanc s'ouvre un large cratère
D'où s'échappe et bondit le bloc élaboré.....
Météore brillant, émergeant d'un nuage,
Bolide frémissant se frayant un passage
A travers l'océan de l'Ether ébranlé!
Puis se calmant soudain, cet astre nouveau-né
Est emporté bientôt dans l'attractive sphère
Du foyer maternel, nourricière solaire!.....
Et, tout en grandissant, ce planétaire enfant

Décrivait en sa course une immense spirale
Dont sa mère occupait l'extrémité centrale.
Hein, planète, est-ce vrai? Est ce un rêve dément?
Toi-même n'as-tu pas frémi dans tes entrailles?
Mère... tu l'as été!... Je crois que tu me railles!
Mais à ta bonne foi j'en appelle, vraiment,
Car je n'invente rien, je comble une lacune
En criant aux humains que ta fille est la Lune.

Es-tu donc le grand Chef des êtres de ta race
Pour me parler ainsi. Lorsque ma peau s'encrasse
J'éprouve bien, parfois, quelque démangeaison.
Avant-hier, encor, je sentais la vermine
Pulluler sur mon corps. Tu vas bien, j'imagine,
Me donner, de ce fait, quelque bonne raison.

Ta grosseur, ô planète, excite ton courage;
Mais ton esprit ne peut cacher la folle rage
Qu'a provoquée en toi mon logique discours.
Avant-hier, dis-tu, te couvrait la vermine?...

La crasse, ce jour-là, s'étalait sur ta mine
En couche plus profonde et s'offrait en séjour
A plus grands animaux. — Voilà toute l'histoire. —
Nous en trouvons encor quelques vagues débris,
Car ils ont disparu lorsque, enfin, tu compris
Qu'il fallait, pour ta peau, liquide purgatoire!
Tu t'es fait transpirer?... ; dis-le donc sans détours.
Ta dernière suée a supprimé les jours
De nombreux animaux, et, dans ce jour de fête,
Mastodonte et fourmi, grosse et petite bête,
Ont trouvé le trépas dans l'inondation...
Quelques-uns, cependant, essayant diligence,
Avec l'aide d'humains doués d'intelligence,
Après avoir atteint haute élévation,
Ont pu continuer leur procréation,
Et, suivant leurs besoins, variant leurs espèces,
Leurs formes, leurs couleurs, reproduisant sans cesse,
Ont rétabli l'essor de la création.

Ha! ha! ha!... Les humains, par ma foi de planète,
N'ont plus en ce moment une assez ronde tête

Pour comprendre cela ; ils t'appelleront Fou.
Leur crâne est déprimé depuis de bien longs âges.
Leur esprit comprimé ne lit plus les Présages
Et des Mondes passés ils ne sont plus jaloux.
Pour eux, l'Air que je foule appartient à ma sphère !
Et mes frissons ne sont que tremblements de terre.
Mes sueurs sont, pour eux, fleuves, lacs, océans.
Mes anthrax sont, pour eux, cratères et volcans.
Ma crasse, que moisit l'afflux de mon baleine,
Offre à leur faible vue un immense domaine
De végétations, forêts, arbres géants!!...
A toi, qui te prétends, parmi tes congénères,
Capable de connaître et juger ces mystères,
Je voudrais concéder un socle original ;
Mais tu choisis en moi trop vaste piédestal,
Et de te riposter il ne m'est difficile.
Imaginer ! vraiment, la chose est trop facile ;
Et je veux te prouver que cela ne suffit,
Car si large est mon corps, étroit est ton esprit.
J'accorde à ton espèce une suprématie
Sur tous les animaux qui vivent de ma vie.
Parasites régnants, vous êtes aujourd'hui ;

ais demain, comme hier, votre race aura fui
ans l'espace sans fond, vers le lointain sans bornes,
s tempes de ton front ont, jadis, été cornes!
dis, tu as rampé; ver de vase ou python.
attes d'hier, tes mains seront demain des palmes!
u seras plus heureux, car tu seras plus calme...
ipède, quadrupède, amphibie et poisson;
u reviendras encor ainsi dans mon limon!
imon du fond des mers, limon qui donna vie
tes premiers aïeux. Leur liquide patrie
onservait bien plus pur l'extrait de mon cerveau
ue déversaient sur eux les fleuves de mes eaux...
u ris?..; mais sache bien que l'esprit d'une moule
st plus sage et plus sain que celui de vos foules!!...
on fol orgueil humain résiste, je le vois:
u n'as donc pas compris?

Planète, écoute-moi.
uisque ainsi tu l'as dit, ton esprit est le nôtre;
errons-nous, d'un Dieu bon, d'un Dieu juste, un apôtre
e prouver personnel, maître de l'infini?

Jamais!...Puisqu'en tous lieux nul être n'est fini!...
Toujours se transformant, l'éternelle Matière
Vit et meurt, tour à tour, et le grain de poussière
Est un Monde aussi grand que telle Immensité
Perçue, imaginée en telle âme féconde.
Car ce Monde, à son tour, est formé d'autres Mondes;
D'autres Mondes, encor; en nombre illimité!
L'infiniment petit peut être divisé;
Compter des fractions autant qu'au ciel d'étoiles.
L'infiniment petit.., jamais ne se dévoile,
Et l'infiniment grand... est toujours reculé.
Ecoute-moi, planète, accueille mon langage...
Nous savons que le Temps, ce pourvoyeur de l'âge, —
Est éternel. Il est, dans son éternité
Réductible, toujours, comme jamais borné
Fugitif est, pour nous, l'éclair avant la foudre;
Il assaille, enveloppe, étreint notre regard.
Pour toi, c'est dans ta nue, imperceptible dard.
Pour toi, cent de nos ans pourraient bien se résoudre
En une beure; et pourtant, du séjour des démons
L'extrêmement petit doit combler les abîmes
Dans le temps que l'éclair illumine les cimes

De tes reliefs poreux qui, pour nous, sont des monts.
Les peuples, habitant un flocon de nuée
— Que nous ne saurions voir, même en notre pensée.
Quand des grains de lumière aurions-nous la grosseur, —
Ont contemplé, longtemps, l'éclair atmosphérique,
Et dans leur Univers son reflet fantastique
A jeté, sans compter des siècles de lueur.
Mais il est des Géants, aux immenses frontières,
Pour lesquels tu n'es rien, et ta famille entière,
Phébus, Saturne et Mars, Jupiter ou Vénus,
Fondus dans leur regard, invisible poussière,
Sont, pour eux, vite éclos ; plus vite disparus !...

Homme, comme en désert, tu prêches en ermite ;
Achève ton discours, explique ton tarot.

Pour le Raisonnement, l'Univers n'est qu'un Mythe ;
Pour la Mathématique, il égale Zéro.

Deuxième Partie

DIGESTIF

Depuis quelque temps nous digérions mal.

Fatigué, nous rassemblâmes, en toute hâte, nos facultés médicales et leur ordonnâmes de nous conseiller un remède efficace.

Il nous fut insinué de manger des nèfles pour notre dessert.

La consultation ne nous coûta rien, et le remède fit surgir une salivation, largement digestive qui diminua notre souffrance.

Mais, pourquoi n'avons-nous pas consulté, de préférence, des Facultés de Médecine qui nous eussent conseillé quelque minéral pulvérisé, concassé peut-être ?

Nous ne souffririons probablement plus.

DUALISMES

Ils marchaient côtes contre côtes sans liens, sans entraves.

Leur attitude était résignée, malgré leur pressentiment; leur prescience peut-être?

Ils sont fous, les philosophes disant que l'Avenir n'existe pas.....

Puisque ces deux moutons conduits à l'abattoir avaient conscience du sort qui les attendait!

Le pressentiment et la prescience ne prennent pas vie dans le Vide ou le Néant.

Et les filières de l'Avenir sont innombrables.

Nous achetâmes l'un de ces deux moutons afin de combler un vide récent survenu dans notre bergerie!

Le second voulut le suivre, puis, repoussé, reprit le chemin de sa destinée.

Alors, son heureux compagnon, nous échappant, l'alla rejoindre dans sa résignation.

La violence fut nécessaire pour effectuer leur séparation définitive.

On ne peut être plus stupide qu'un mouton !...

. . . .

Cette histoire nous rappelle un fait de même nature dont nous fûmes témoin dans le dernier royaume que nous visitâmes.

Deux hommes enchaînés marchaient au supplice.

Ils avaient été condamnés à se dépouiller de leur épiderme et à se plonger, ensuite, dans un bain de lait stérilisé.

Nous demandâmes leur grâce, mais nous ne pûmes obtenir que celle d'un seul; indifféremment.

Nous leur fîmes part de cette décision, car

nous n'aurions su nous résoudre à sauver l'un et sacrifier l'autre, de par notre seule préférence.

Nous leur conseillâmes donc de se consulter et de se dévouer, l'un ou l'autre.

Nos deux condamnés, ayant le même amour de la vie, ne goûtaient que fort peu notre proposition.

On imagina de les délier, afin qu'ils pussent ajouter leurs gestes à leurs paroles, et doubler la valeur des arguments qu'ils feraient valoir pour s'éliminer réciproquement.

On les enferma, même, un instant, afin de faciliter l'aisance de leur discussion, puis ?...

On enterra les deux cadavres.

BALAYEUSES

Les desseins de Dieu sont insondables, car sa Justice se révèle toujours inattendue.

Chacun sait, ou peut savoir, qu'un gouvernement populaire, une République, engendre des causes innombrables de désarroi social.

Surtout, lorsqu'un peuple, ainsi dirigé, présente une certaine homogénéité de race.

Car plusieurs races dans un même Etat sont plus facilement gouvernées en raison de l'équilibre obtenu par l'antagonisme des intérêts opposés, ou loi des contraires multiples.

Or, dans le premier cas, les villes, par exemple, sont fort souvent, et de plus en plus, mal administrées et mal entretenues.

Cela est déjà visible en France, au début de ce vingtième siècle.

Les municipalités, un peu trop populaires, et dont les membres sont souvent étrangers à la ville même qu'ils administrent, se soucient, généralement, moins de l'entretien d'icelles, que de leurs profits personnels, politiques et connexes.

Mais, lorsque les rues sont mal nettoyées par leurs balayeurs salariés, Dieu fait aussitôt surgir quantité de balayeuses de bonne volonté.

Nous parlons des franges minuscules qui bordent actuellement les robes féminines.

Chacun sait, ou peut savoir, que les femmes sont supérieures aux hommes par le tact et la délicatesse.

Un grand nombre, du moins.

Et, c'est donc avec un instinct d'ordre et de propreté, bien naturel, qu'elles laissent traîner charitablement leurs robes sur un sol mal nettoyé.

Les desseins de Dieu sont insondables.

Seulement, chacun remarque, ou peut remarquer, qu'en ce même moment, nos éminents microbites comptent, encore, environ huit millions et demi de bacilles variés dans un centimètre cube de poussière tamisée ou d'immondice bon goût.

On pourra donc, d'après cette donnée, évaluer assez facilement le nombre contenu dans un nuage de poussière brute ou dans un tas d'immondices au naturel.

Nous espérons que le double fait présenté ci-dessus sera considéré comme expérimental au premier chef.

Et, comme tel, inséré dans le sac éternel de l'Equilibre translatif, des Mouvements attractifs et de la Loi des Compensations en partie double.

ARABESQUE

Un jour, ne sachant à quoi employer les loisirs dont nous étions devenu l'heureux possesseur, nous dirigeâmes nos pas dans la direction du pôle Sud.

Nous parvînmes à une telle proximité d'icelui, qu'elle n'avait, probablement, pas encore été atteinte, car nul n'a jamais conté, que nous sachions, le phénomène dont nous y fûmes le témoin.

Nous vîmes une immense étendue d'espace.

Nous vîmes d'immenses plaines de sable vitrifié.

Dans cet espace, parmi ces plaines, nous crûmes voir un long, long troupeau d'animaux extraordinaires, sans forme précise, qui galopaient en une course folle, vertigineuse, terrifiante.

Ils formaient comme un torrent gigantesque dévalant de l'Infini.

Galopaient-ils réellement?

Nous n'oserions l'affirmer car, par instants, ils nous paraissaient, seulement, s'agiter sur place, en mouvements fébriles.

Tels les individus d'une foule compacte et assaillie par une panique.

C'était comme un remous rapide, provoqué par une menace céleste.

Cet incommensurable et frémissant ruban se contournait en une grandiose arabesque, dans l'espace immense, parmi les vastes plaines, puis, paraissait retourner en toute hâte vers le même Infini, probablement.

C'était une infernale arabesque, une démoniaque courbe elliptique, car des myriades de ces êtres, comprimés, extraits par la force inouïe d'une poussée occulte, étaient projetés avec un tel élan qu'ils s'évanouissaient aussitôt dans une flamme !....

Le plus grand nombre, cependant, terminait la courbe géante et prenait une route inverse et parallèle à la première.

. . . .

Nous étions arrivé à Marseille un peu fatigué.

Nous descendîmes aussitôt à l'hôtel et nous nous couchâmes, oubliant d'éteindre la lumière électrique qui se tordait dans son ampoule lorsque nous nous réveillâmes.

. . . .

Comme conclusion, nous dirons :

De même que l'agonie, le songe exaspère nos sens et nous dévoile quelquefois la Réalité !

LE MOI

Mon médecin, mon agent de change, mon coiffeur, mon tailleur.

L'emploi du moi est donc fort répandu, quoique haïssable en lui-même.

Un académicien aurait dit : « en soi ».

Cependant, et malgré la prétendue richesse de notre langue, il s'impose quelquefois comme plus explicite.

Mais, alors, qu'on ne critique donc point le conteur ou l'écrivain qui l'emploie dans l'unique but de se faire plus facilement comprendre.

Avant de continuer ce chapitre, nous ferons observer que le summum de la bonté, de l'amour, de l'abnégation, de la fraternité, du dévouement, etc., consiste à oublier sa jambe cassée, pour s'intéresser à la crampe de son prochain !

C'est dans cette conviction que nous puisons notre critique grammaticale.

Le proverbe de « la Paille et la Poutre » est donc faux dans sa logique et sa morale.

Or donc, on dit « Monsieur », « Madame », avec une exagération du « moi » très peu discutable en elle-même.

Le même académicien aurait encore dit : « en soi ».

C'est un terme androgyne par excellence.

On dit : Voilà un Monsieur élégant, en place de : voilà un sieur élégant.

Voilà un beau « monchien » serait une expression équivalente !

Il est heureux que nous ayons quarante araignées sous une coupole qui font de la besogne comme quatre, et toutes ces petites imperfections disparaîtront sous peu !

Car il est probable qu'aussitôt les autres

mots de notre langue simplifiés, on activera, en toute hâte, la réforme de celui que nous soumettons à l'attentive sollicitude des sommités compétentes auxquelles, du reste, rien ne saurait échapper.

PROGRÈS SOCIAL

Nous vivons à une époque de progrès incontestables, parmi lesquels on aperçoit, très distinctement la simplification de certains mécanismes sociaux, littéraires, etc.

A quoi bon le bagage encombrant par son inutile utilité?

Ainsi, par exemple, de quelle utilité peut être le latin, à notre époque d'instruction puissante?

Notre langage actuel n'est-il donc pas assez riche en argot de pays ou d'importation?

Le latin, du reste, est trop pédagogique, trop « chasse gardée » pour notre époque de socialisme, vraiment fraternel!

Et, pour qu'un peuple puisse véritablement

jouir des bienfaits d'une égalité parfaite, tout doit concourir au nivellement absolu des individus qui le composent.

Nous ne parlons que du nivellement intellectuel, pour le moment.

Or donc, le nivellement d'un peuple doit présenter les mêmes avantages que le nivellement d'un champ de blé, par exemple, si ce dernier était pratiqué !

En élevant les plus bas épis de ce champ à la hauteur des plus élevés, il est bien évident qu'il serait beaucoup plus facilement fauché, détruit par les orages, que si l'on abaissait les plus hauts jusqu'au niveau des plus courts.

C'est, du reste, cet admirable principe qui fait notre force actuelle : notre unité nationale !

Force d'inertie incomparable que la mort stérile de ses « défenseurs » dans les guerres coloniales de la troisième République n'a pu remuer.

Force d'inertie, vraiment démocratique sans laquelle trois monarchies et quatre empires auraient sombré, depuis trente ans, sous les malédictions populaires !...

Peuple souverain ! tu es grand et gros par la nature de ton courage. Tu es mûr pour accomplir dignement le stoïque sacrifice de tes enfants.

Tu paies, avec largesse, le noble impôt du sang ! Ainsi que les autres, du reste.

Il est vrai que tu ne saurais guère à qui t'en prendre, en cas de mécontentement.

Tu es seul souverain, et cela te suffit !

. . . .

Or donc.

Nous ne saurions trop le répéter.

Nous vivons à une époque de simplification.

Et le socialisme actuel, bien plus avancé que ses prédécesseurs, pourrait parfois être comparé à un blessé moribond, arrachant les bandages qu'il ne peut plus supporter !

THÉORIE DES BOSSUS

Mercredi dernier, un idéo-théo-métaphysicien nous disait :

L'univers est un Dieu immatériel se divisant et se subdivisant à l'infini ; concevant toutes choses cinématographiquement.

Le fils ne proviendrait pas du père par la transmission sanguine.

Ce ne serait qu'un anneau ajouté à la chaîne humaine par une opération simplement psychique.

Eh bien ; une chaîne honorable qui se rend utile, qui travaille, enfin, doit bien avoir, par ci, par là, quelques-uns de ses anneaux bosselés ?

Nos spirituels bossus actuels voudront bien remplir ce rôle pendant un instant.

Et maintenant, ô Darwin, nous allons enrouler sa chaîne au col de notre idéo-théo-métaphysicien et t'adresser le tout par ce même courrier.

Sois bon comme Christ et pardonne.

. . . .

Nous prenons un homme et, solidement, nous le fixons en croix contre un mur et face à ce mur.

Avec notre main de fer aux ongles d'acier, nous fouillons sa chair à la hauteur du dos, parmi les interstices costaux.

Nous empoignons non seulement son épine dorsale, mais toutes les artères, toutes les fibres musculaires qui l'avoisinent.

Nous tirons à nous.

Nous tirons jusqu'à ce que le faisceau palpitant ait suffisamment sailli pour former la charpente idéale sur laquelle pourraient s'établir les chairs et l'épiderme d'une bosse convenable.

Maintenant, et bosse de côté, quels ont été les résultats de notre opération ?

. . . .

Voici :

Il s'est produit le même phénomène que si nous avions tiré quelques fils de chaîne dans le parmi d'une pièce d'étoffe.

Les muscles postérieurs ayant été amenés en partie à la même tension, les cuisses et mollets ont vu s'altérer leurs formes.

Les muscles des épaules, du col, ayant de même été amenés par cette même tension, ces épaules se sont jetées en arrière, ce col s'est cintré et incliné dans la même direction.

La tête s'est renversée légèrement.

Le cerveau incliné, dans le même sens, a été surélevé de ce fait.

La poitrine s'est bombée, élargie.

Les jambes se sont arquées.

Enfin, nous avons obtenu un bossu bien fait, semblable à tous les vrais bossus.

Devons-nous, maintenant, expliquer la provenance des bosses et des bossus ?

Les bossus, par sélection naturelle ou physico-métempsycho-chimique, proviennent des gens qui ne craignent pas les courants d'air, mais dont la moelle se pourrit.....

HUMAIN AVANT SIMIEN

Nous éprouvons, en ce moment, le besoin de nous lancer à corps perdu dans une théorie nouvelle.

Que le Tout-Puissant nous le retrouve et le rende à notre esprit anxieux.

Et puisque Darwin a fait pleurer nos malheureux théologiens, en leur certifiant une origine simienne, nous prenons la parole.

Et nous espérons volatiliser rapidement leurs larmes, en repêchant d'abord la pierre physiologique lancée aussi brutalement dans la mare théiste.

C'est fait.

Sur cette pierre est encore gravée la phrase célèbre.

L'homme descend du singe.

En vérité, ses adversaires ne nous paraissent pas avoir réuni les premiers éléments de la plus simple perspicacité !

Car cette dernière leur eût inspiré la plus facile des ripostes !

. . . .

Dix mille ans avant l'apparition de la race chinoise, douze naufragés spécimen de l'espèce humaine, violette, qui représentait la civilisation à cette époque, furent jetés, sans égards, sur les côtes inhospitalières d'une île perdue du Pacifique actuel.

Nous disons — inhospitalières — car l'île était bien boisée, mais absolument dépourvue d'espèce humaine quelconque.

Oncques ne revit plus ces douze naufragés.

. . . .

La physiologie actuelle dit que l'orang-outang est très intelligent, mais dans son jeune âge seulement !

Ce qui prouverait, ô trop débonnaires théi et théo, que l'intelligence humaine ne lui est guère plus nécessaire maintenant que ne l'est, pour nous, notre première dentition !

THÉORIE DES COULEURS

Nous avons affirmé que l'Air était bleu, lorsqu'on en voyait une couche suffisante et assez compacte, comme celle produite autour de notre planète en sa course rotative.

Notre Firmament est bleu de ce fait.

Lors même que cette affirmation proviendrait d'un «savant» toute la Science actuelle crierait à l'absurdité ;

Car les profanes pouvant ainsi facilement s'en rendre compte, elle n'aurait rien découvert de particulier.

Nous croyons même savoir qu'un vrai savant a découvert la véritable couleur aérienne.

Ce serait l'orangé.

Une certaine délicatesse lui a conseillé de

ne point aller jusqu'à l'écarlate, lequel aurait porté un coup trop funeste à notre bleu céleste!

Ce dernier, il est vrai, est un peu encombrant, agaçant.

Il s'impose un peu trop souvent à notre attention, et l'Humanité entière, obsédée, réclame une diversion.

Or donc.

Nous allons nous servir de notre conviction pour déterminer à quel moment notre adolescente Humanité aura atteint sa maturité.

Ce sera lorsque le Firmament sera devenu incolore pour son regard de plus en plus habitué.

Il n'y a pas encore longtemps que l'Homme contemple verticalement l'Espace.

Le singe, quadrumane, le faisait quelquefois.

Mais le quadrupède qui a précédé le quadrumane?

Nous vous entendons.

Les arbres perdront-ils également, pour notre vue, leurs variétés de verts ?

La comparaison ne s'impose pas.

La couleur de leur feuillage est produite par un mélange, une fusion rapide et rotative du bleu aérien avec la couleur originelle, la nuance rousse ou terreuse de ce feuillage.

Oh, oh, dites-vous ?

Vous en trouverez un exemple, tout à l'heure, dans le chapitre suivant.

Or donc, dans le premier cas, l'Air est l'élément unique indivisible et constitutif de l'Univers.

Il ne peut donc s'amalgamer lui-même.

Il ne peut, lui-même, produire de la gravitation, et ne peut débuter, dans la création des corps, que par la spirale, ou tourbillon.

Dans le second cas, il y a combinaisons variées et renouvelées sans cesse.

C'est pour cette cause également que nous n'avons pas dit par exemple : — L'humanité sera mûre lorsque son regard pourra fixer placidement le soleil.

Car la lumière solaire est composée de nombreuses sortes d'émanations sans cesse renouvelées.

Donc toujours nouvelles.

Ces émanations produites, dans leurs origines solaires, par l'air, qui produit tout, sont composées, naturellement, de corps variables autant que variés, et formés comme tous les corps, de molécules rotatives et infinies en quantités.

Nous ne disons pas que l'Air est réellement bleu !

Nous disons qu'il nous paraît bleu, comme un arbre nous paraît vert.

Comme l'eau nous paraît bleue par fusion aérienne.

Comme la terre nous paraît rousse.

Si l'émanation terrestre cessait, le bleu céleste disparaîtrait probablement à nos yeux, en supposant que nous puissions voir avec les sensations perçues par nos sens actuels.

Car, l'Air pur n'entretiendrait pas longtemps, sans doute, notre fonction visuelle dans ses facultés présentes.

. . . .

Les couleurs n'existent pas, effectivement.

Il n'y a pas de couleurs dans l'Univers.

Nous ne les voyons telles que d'après les mouvements moléculaires qu'elles offrent à notre vue.

Nous avons dit que tous corps quelconques, sauf l'Air pur, sont formés de myriades de molécules rotatives, et tournoyant les unes autour des autres sans se toucher jamais; séparées, qu'elles sont, par l'Air pur se dilatant de plus en plus!

Ainsi, le grain de poussière, par exemple, est composé de myriades d'atomes séparés et tournoyants.

Chaque atome est composé d'autres atomes.

A l'infini.

Chaque particule de notre corps; chaque

particule de particule tournoie autour d'une autre particule.

Et ainsi de suite.

Telles les planètes ou étoiles.

Ceci est une comparaison infime, car si le soleil et ses satellites contribuaient, par exemple, à la forme d'un corps humain, cela exigerait quelques milliards de systèmes solaires.

Et si la voie lactée n'était — par supposition — qu'un aperçu vague de membre humain, un seul mouvement de ce membre ne pourrait s'accomplir qu'en plusieurs milliards de siècles, peut-être.

Les grandeurs ne sont rien, dans un Univers sans bornes !

Mais revenons à nos couleurs.

Il est donc assez facile de comprendre que des molécules tournoyant de gauche à droite ne produiront pas, sur notre vue, la même impression, partant, la même couleur que celles tournoyant de droite à gauche.

Les corps liquides ou gazeux, et changeant de couleurs par opérations chimiques ont, forcément, subi une diversion, un changement de direction dans leurs parties moléculaires.

Lorsque des molécules tournoient ou gravitent avec une grande rapidité, c'est la couleur blanche.

Et nous en profitons pour dire que, si la couleur blanche repousse, en partie la chaleur ou la lumière, c'est à la vitesse de rotation de ses molécules qu'il faut l'attribuer.

Lorsque des molécules tournoient avec une allure moyenne, et de gauche à droite ; nous voyons rouge, par supposition.

Lorsque c'est de droite à gauche, nous n'y voyons que du bleu.

Quant au noir, c'est un paresseux.

Chimistes? A l'ouvrage.

L'EAU COMPRESSIBLE

La science humaine affirme que l'eau est incompressible !

Et, lorsqu'elle aura découvert, par hasard, un moyen de la comprimer, elle affirmera qu'elle est compressible !

L'eau est peut-être susceptible d'être créée directement par l'Air, lequel tourbillonnant en myriades de spires particulières et minuscules, se transformerait en air perlé !?

Ce phénomène s'est-il produit au temps de Noé?

Nous n'avons pas encore, il est vrai, entrevu la possibilité de condenser l'eau.

Cette possibilité existe pourtant; que ce

soit par un moyen direct, ou par une dilatation préalable.

Par contre, nous avons fait quelques remarques pouvant faire admettre sa dilatation sans changer sa nature liquide.

Un navire glissant sur une mer bleu foncé laisse dans son sillage une eau de couleur bleu clair ; ou verdâtre sous l'or de la lumière.

Les crêtes des vagues offrent, fugitive, une même nuance de bleu plus vif.

De même, une nappe d'eau tombant en chute.

Jeüx de lumière? Blancheur d'écume?

Non.

Mais une dilatation des liquides molécules renforcées, aussitôt, par l'élément aérien.

Ce sont des faits de cette nature, probablement, qui ont incité certains philosophes, à dire que la Forme précédait la Matière.

Nous avons dit, il n'y a qu'un instant, pouvoir offrir un exemple au sujet des nuances vertes colorant les feuilles d'arbres, d'arbustes, plantes quelconques, végétations diverses, par le roux et le bleu combinés.

Un exemple passif, mais suffisant, et qui pullule, sans cesse, dans l'élément aqueux.

Si, plongeant une longue perche dans l'eau bleue d'un étang, nous remuons un fond de vase, celle-ci monte à la surface.

L'eau devient terreuse, puis, jaune accentué.

Nous attendons quelques minutes.

Le jaune s'évanouit peu à peu, se brouille; c'est déjà une nuance indéfinissable, une couleur, vague, d'onyx.

Enfin un vert glauque, puis un beau vert.

Mais nous n'attendrons pas que l'eau soit redevenue bleue pour dire que sa compressibilité est aussi possible que celle de tous corps quelconques.

Tous les corps sont compressibles.

Compressibles, même à l'infini !

L'eau ne peut échapper à cette loi élémentaire car, s'il en était ainsi, ce serait une limite acquise.

Et puisque rien dans l'univers n'est et ne peut être limité, la solution s'imposera donc comme contribuable de cette loi.

C'est de l'eau que s'échappent les fluides terrestres les plus rapides.

Les fluides solaires ou planétaires se télescopent, pour ainsi dire, et sans cesse avec nos fluides maritimes.

La science a, du reste, remarqué déjà que l'eau absorbait la lumière ou ce qui nous paraît lumineux.

Mais c'est un va-et-vient de matières fluides, tellement rapide, qu'il est absolument invisible pour nous, et cette vitesse moléculaire ne produit plus, sur notre vue, que l'incolore.

Que l'eau se change en cristal et le cristal en lunettes.

ASTRES VOISINS

Nous nous demandons quelquefois si les hommes de science ayant établi la mensuration des astres voisins, ainsi que leurs distances de notre planète, ont cru sérieusement à cette mathématique?

Car, en ne consultant que le plus élémentaire bon sens actuel, il faudrait, pour adopter leurs résultats, que notre air atmosphérique s'étendît jusqu'à ces astres et même au delà!

D'autre part, que penser de ces hommes de science, passés, présents, mais non futurs, qui, par ailleurs, attribuent trente ou quarante kilomètres d'épaisseur à notre couche atmosphérique?

Nous prions l'un de ces éminents calculateurs, parmi ceux présents, naturellement, d'emplir ses poumons et d'aller lire une ligne de notre ouvrage à moitié chemin de la lune.

Soit, d'après lui, deux cent mille kilomètres environ.

Pourra-t-il le faire sans un puissant appareil d'optique?

Il n'y à cependant qu'à se pencher sur l'eau claire d'un étang et en examiner le fond pour se convaincre des dimensions réduites que présentent à notre vue les objets qu'on y aperçoit.

Or donc, et puisque d'après la science, la matière supra-atmosphérique serait d'une nature fluidique, par comparaison avec celle de notre air respirable, comment obtenir des distances interstellaires réelles avec deux densités différentes dont l'une est inconnue?

Nous ne supposons, pour l'instant, que deux densités.

L'air atmosphérique et l'éther, ainsi que l'on a nommé ces deux corps.

Conservons, telles quelles, nos facultés visuelles présentes et surélevons notre couche atmosphérique jusqu'à la hauteur de deux cent mille kilomètres, seulement.

Il est probable que la lune, le soleil et autres astres auront, pour nos yeux, augmenté leur volume d'une façon remarquable.

Ils nous paraîtront plus vastes.

Ils nous paraîtront moins éloignés.

Mais, en réalité, ils seront moins volumineux et séjourneront plus loin.

D'autre part, et contrairement, si nous supprimons notre couche atmosphérique actuelle, ne gardant, comme intervalle interplanétaire, qu'une densité éthérée, ces mêmes astres nous paraîtront moins vastes et plus éloignés, quoique contrairement.

Nous avons adressé à la science diverses critiques.

Dans l'une de ces critiques, nous avons dit que l'air n'appartient pas plus directement à la terre que l'eau refoulée par une baleine n'appartient à cette dernière.

Donc, indépendamment de l'absence ou de la diffusion de l'azote, l'air, de plus en plus dilaté dans les hauteurs ne peut, pour notre vue, produire la même optique que notre air atmosphérique.

En outre, la science prétend que la Lune ne possède point d'atmosphère.

Il faut encore en accuser l'optique.

Les astres ne sont que des animaux, ainsi que nous l'avons déjà affirmé.

Les animaux, comme tous corps quelconques, du reste, ne peuvent vivre sans évaporation.

Et tout vit dans l'univers !

De plus, notre satellite, en sa course, refoule l'éther comme la Terre et le condense à l'entour de lui.

Il a donc, absolument comme la Terre, son azote et son oxygène, voire son hydrogène.

Et, parce que l'on n'aperçoit pas de corps nuageux flottant sur sa surface.

Doit-on conclure, radicalement, qu'il n'en existe pas?

Telle n'est pas notre conviction.

Et nous terminons ce chapitre en déclarant que nos astres voisins sont beaucoup, beaucoup plus près de nous en réalité, et moins vastes, également, qu'on le prétend.

THÉORIE DU COURANT D'AIR

Vers la fin du siècle dernier nous allâmes nous promener sur un pont.

Nous y rencontrâmes un excellent homme avec lequel nous étions quelquefois en communion de pensées philosophiques.

Il nous fit part de l'anxiété que lui causaient quelques maux physiques survenus depuis peu, presque simultanément, et demanda notre avis sur leurs causes probables.

Il en possédait un assortiment suffisant pour pouvoir établir quelques points de comparaison entre les diverses intensités de souffrances qu'il éprouvait.

Nous lui répondîmes par cette question :

Nous accordez-vous, cher sieur (cher monsieur pour les Belles-lettres), une intelligence suffisamment moyenne pour qu'en vingt années d'étude ininterrompue nous ayons, enfin, pu découvrir la cause première de nos maladies ?

Le mot « Certes » s'échappa de sa bouche en une intonation si vibrante de confiance et de persuasion que nous en fûmes ému profondément.

Nous poursuivîmes :

Eh bien, cher sieur, si notre corps ne se trouvait jamais placé — surtout l'été — entre deux ou plusieurs courants d'air provenant du dehors et se heurtant en nos logis, nous ne connaîtrions aucune des maladies qui nous accablent.

Un rire strident, délirant, fusé, sifflé, jaillit de la même bouche déjà citée, bondit par-dessus l'île Jean-Jacques-Rousseau et s'enfuit dans la direction de Culoz.

Un instant de silence devenait nécessaire.

Nous continuâmes ensuite, timidement.

Voudriez-vous maintenant, cher sieur, nous expliquer la cause de votre allégresse?

Mais, nous répondit-il, je n'ai jamais entendu affirmer, ou même insinuer une pareille définition ; et nos médecins les plus renommés n'ont jamais, que je sache, considéré le courant d'air comme l'origine invariable de nos maux.

Nous n'avons pas insisté!

. . . .

Nous ne nous souvenons pas d'avoir, en saisons estivales, remarqué une habitation d'où les courants d'air étaient exclus à dessein, rigoureusement, avec une entière connaissance de leurs effets.

Nos architectes bâtissent mal, c'est acquis, mais ne peut-on remédier cela?

Est-il donc si difficile de briser, de détruire les courants d'air, en assujettissant, aux baies de nos logements, des portières ou tentures suffisamment lourdes pour ne point flotter, et suffisamment mouvantes pour agiter l'aération intérieure, sans la dénaturer par un tirage ou un appel ?

Sans laisser pénétrer un air filé, des ondulations étirées par l'attraction de deux ou plusieurs courants contrariés ?

Nous exposons ce moyen comme une sérieuse atténuation, et non comme une disposition définitive.

Car la seule et saine disposition consiste à n'ouvrir les portes ou fenêtres que d'un seul côté du logement, et à fermer ou refermer hermétiquement les autres.

Nous disons : hermétiquement.

. . . .

La mortalité infantile est terrifiante par ses proportions.

Qu'a donc cet enfant pour crier si fort ?

Il met des dents !

Il est tellement certain, pour le populaire, et, même pour nos médecins, que l'enfant doit souffrir, de cette façon, en poussant des dents, qu'une insistance négative de notre part, porterait une atteinte trop préjudiciable à notre réputation de lucidité indiscutable.

Je ne digère pas, nous disait avant-hier, un voyageur de commerce qui, dans les salles à manger d'hôtel, faisait ouvrir autant de portes et de fenêtres qu'elles en possédaient.

Nous ne savons s'il existe actuellement sur la Terre un individu de notre espèce absolument sain d'esprit et de corps.

Nous ne le croyons pas.

Mais, s'il en existait un, quelle serait la première affection, le premier mal probable qui l'atteindrait lorsqu'il aurait vécu quelque temps dans les courants d'air d'un logement?

Nous prions nos lecteurs de bien vouloir ne point nous répondre tous ensemble, afin de ne point effrayer inutilement nos agriculteurs déjà si éprouvés.

Car rien ne ressemble davantage aux grondements d'un orage que le murmure des foules.

Le mieux, du reste, est de répondre nous-même en disant que le « mal de dents » serait le premier déclaré chez un individu sain.

Parce que la dentition humaine est l'organe le plus en retard dans sa transformation animale ; par conséquent le plus faible, et, partant, le moins résistant à la sortie du pus.

Ce pus est une transpiration, une émanation refoulée.

Nous avons déjà dit que notre corps, comme tous corps quelconques, expurge sans cesse des matières fluides et gazeuses dont la plus grande partie, en parvenant à notre épiderme, se liquéfie imperceptiblement au contact de l'air.

Un courant d'air par sa transformation en spires.

Un coup d'air, plus malsain encore, par sa transformation en cyclones ultra-microscopiques, portent leurs ravages sur nos tissus enveloppants.

Que ce soit sur notre peau extérieure — épiderme, — ou sur celles de nos organes respiratoires — pellicules.

Sous leur influence dévastatrice, nos pores et canaux de dégagement ne fonctionnent plus, car ils se contractent pour leur défense

Ils se contractent plus ou moins suivant la nature, la violence et le heurt des courants aériens.

. . . .

Quelques mots sur le « coup d'air ».

Le coup d'air se produit entre deux baies se faisant face ou même s'opposant de biais, et dont les dimensions d'ouverture, de l'une ou des deux, ne sont pas suffisantes pour entretenir un courant d'air continu.

Un appel, un tirage permanent.

La force de son courant alterné et subit est décuplée, centuplée, de ce fait.

Nous imagerons ce courant alternatif en le comparant à un bouchon de liège qu'on forcerait à passer dans un tube trop étroit.

La sortie de ce bouchon s'effectuera avec une vitesse de projectile.

Dans un courant d'air, se heurtent et fusionnent les différents courants en opposition.

Mais dans le « coup d'air » la pression aérienne qui se produit sur l'une des ouvertures attend pour entrer en coup de vent que la pression s'exerçant sur l'ouverture opposée effectue sa « marée basse », qu'elle se retire un instant dans le va-et-vient des ondulations.

. . . .

Or donc :

Nos émanations sont repoussées, refoulées parmi nos tissus internes et, dépitées de n'avoir pu parvenir jusqu'à l'air libre, leur élément d'origine, elles se coalisent, se coagulent solidement pour une attaque vengeresse.

Elles se coagulent si fortement parfois, qu'elles ne parviennent plus à franchir notre épiderme, sous leur nouvelle forme.

Lorsqu'elles le peuvent faire, c'est fort

heureux pour nous et nous en sommes quittes pour subir les différents genres d'abcès ou éruptions auxquels elles donnent lieu.

Lorsque le pus se fraie un passage parmi les tissus protecteurs de nos organes internes, espérant toujours retrouver l'air et la liberté, c'est la maladie plus ou moins longue et dangereuse, suivant l'organe affecté.

Quelquefois, souvent même, elle est fort courte !

Le pus est nomade pendant sa jeunesse, mais lorsqu'il devient vieux, il se durcit et se repose.

Lorsqu'il se repose près d'une articulation ce sont, naturellement, les douleurs articulaires et similaires !

Les victimes de ces maux tardifs prétendent généralement, pendant leur agilité, ne pas craindre les courants d'air !

Oh ! les pauvres gens.

Plus heureuses sont les victimes des maux expéditifs.

Maux de tête, maux de gorge, maux de dents, abcès extérieurs et analogues.

Celles-ci peuvent surprendre la corrélation de leur mal avec un courant d'air récent et se méfier ensuite !

Nons avons parlé des pellicules ou peaux, protégeant nos organes internes.

Nous n'entendons pas, les semi-internes, comme le palais, les gencives, les oreilles, le nez, les yeux, etc.

Car les éruptions affectant ces organes sont plus facilement guérissables.

Mais les poumons, le cœur et autres d'importance suffisante ?

Il n'y a pas plusieurs manières de guérir les abcès, éruptions ou écoulements du pus en question.

Il n'y en a point.

Il n'y a qu'à le laisser sortir, en lavant l'issue avec de l'eau naturelle pour en éviter l'obstruction.

. . . .

Nous devons, cependant, reconnaître les travaux accomplis, dans l'utile but de créer, pour nos médecins, un vocabulaire très technique, très scientifique, très varié et très complet, d'après lequel ils peuvent nous apprendre les noms de nos maladies !

Nous avons dit : Varié, cela est vrai.

Nous avons dit : Complet, cela est faux.

Car depuis quelques années, seulement, il a surgi un nouveau genre de maladie dont ils n'ont pu déterminer la cause.

Nous comprenons cela.

Mais comme la Science humaine ne doit jamais faillir, elle a donné le nom de « Influenza » à cette variété nouvelle !

Les victimes « agrippées » par ce mal mystérieux, sauront donc, maintenant, à quoi s'en tenir...

Et, lorsqu'elles auront recouvré leur bonne santé — si elles la recouvrent — elles pourront, du moins, répondre avec assurance aux compatissants qui s'en informeront :

« J'ai subi une attaque d'influenza, mais mon docteur en a eu raison. »

C'est un nom propre, élégant, facile à prononcer.

L'influence des consonances, dissonances, assonances des noms, ne se discute plus, depuis que ceux-ci ont été créés !

Il existait déjà ,depuis quelque temps, un autre nom tout aussi explicatif sur l'origine d'une affection générale, à laquelle on l'a accolé.

C'est un nom très élégant, également, très féminin, très académique comme distinction : « Anémie ».

Cela veut dire, sans aucun doute « Faiblesse générale, épuisement sanguin, etc. ».

C'est très simple, bien français, et ce terme peut s'appliquer à tous genres de maux.

L'autre a été chaussé à l'italienne, afin de lui donner le charme d'une allure exotique !

. . . .

Or donc, on peut déjà conclure que le dictionnaire pathologique n'est pas encore complet.

La série de nos maladies futures se compliquera, probablement, d'étranges phénomènes.

Car, lorsque la désagrégation de notre moelle épuisée s'accomplira...

Lorsque l'Humanité sera frappée d'une peste générale, pourrissant les articulations ; la stupeur, seule, ne fera pas « tomber les bras » des millions d'individus qui en seront atteints.

Et la chirurgie admirée aussi stupidement de nos jours, aura participé, quelque peu, à ce « démembrement général ».

La chirurgie sauve l'individu, mais contribue, inconsciemment, à la destruction de l'espèce !

L'intellect humain subit en ce moment le recul de sa marée...

Il ne sait plus « voir ».

Les lois de la métempsycose sont innombrables....

Nous n'en parlerons pas dans ce présent ouvrage.

Mais nous présenterons, néanmoins, une observation, en nous plaçant seulement au point de vue de l'hérédité ordinaire.

Nous scions, chirurgicalement, le bras d'un homme — par supposition.

Si cet homme devient père, il est naturel de supposer que la moelle du bras correspondant, chez l'enfant, héritera de quelque tare, ne serait-ce qu'une solution infime de continuité.

Cela varie et se multiplie, comme toutes choses se compliquent dans l'Élément Universel en général, et dans les Espèces humaines en particulier.

Combien de membres rompus pourraient guérir si la chirurgie n'existait pas ?

Mais on compte sur elle.

De son côté, elle a tendance à couper, comme le juge tend à la condamnation, comme les inoculateurs tendent à déclarer la rage ou le choléra...

Or donc, la vérité tangible est que le dictionnaire médical s'enrichit toujours, s'enrichira encore !

De même, du reste, que celui énumérant les maladies ou épizooties de nos animaux domestiques.

Car la fraternité ne s'épanouit point seulement parmi notre espèce...

Elle se développe, également, sur celles qui nous sont utiles !

La conscience de notre supériorité nous commande la bonté et nous fait un devoir de disposer l'aération de leurs logements comme nous la disposons pour les nôtres !

De l'air, de la lumière, de la liberté ! clament et réclament, de nos jours, tous les citoyens dignes de ce nom commun.

Voilà, ce nous semble, des mots triomphants, ou bien, c'est à désespérer de tout.

Malheureusement, notre nature est une mère prudente et sévère qui n'acquiesce pas à ces désirs si bien formulés.

Car, et courants d'air à part, lorsque nos poumons s'habituent à trop copieuse aération, ils s'épuisent beaucoup plus facilement dans une plus faible, le cas échéant.

Lorsque notre vue s'habitue à trop abondante clarté, elle perd son acuité, sa puissance, et ne sait plus distinguer dans l'obscurité lorsque la nécessité s'en impose.

Et lorsque les bons citoyens s'évertuent à clamer trop souvent : « Vive la liberté », les malfaiteurs, les exploiteurs font chorus, avec un ensemble vraiment trop intéressé !

. . . .

Un bon père de famille nous affirmait, il y a quelques années, avoir sauvé son fils aîné par les effets d'une médication merveilleuse et fort simple...

En ouvrant de tous côtés, et toutes grandes, les fenêtres de la chambre où couchait ce fils bien-aimé !

Nuits fraîches, vivifiantes; sommeil lourd et profond !

Il avait, par ce moyen, rétabli sa santé, et, de plus, en avait fait un colosse de vigueur !

Ce fils s'est marié ensuite, a obtenu deux beaux enfants mort-nés, et ne s'est éteint lui-même que fort peu de temps après, en pleine vigueur, naturellement !

Quoique sans analogie, le fait ci-dessus nous rappelle la vigne sulfatée qui produit souvent de beaux fruits la première année, voire la seconde, et donne ensuite un liquide invendable à 10 francs le muid...

Chant de cygne, étincelle suprême.

Sulfater la vigne avec un minéral de cette sorte nous rappelle, également, un traitement non moins merveilleux de la fièvre cérébrale par les compresses glacées ! !

On obtient, paraît-il, une quantité considérable de guérisons et, de plus, tellement inattendues, que, souvent, la joie des malades exubère jusqu'à la folie, inclusivement !

D'autres attendent quelque temps, avant de trépasser, exagérant même la délicatesse et leur reconnaissance jusqu'à mourir d'un autre genre de maladie afin de bien démontrer qu'ils ont été, radicalement, guéris de la première !

Il faut admettre, néanmoins, que le traitement cérébral, par la glace, dénote chez les traiteurs une connaissance approfondie des diverses réactions chimiques.

Et nos boîtes craniennes sont, pour eux, des alambics incomparables.

Qu'y a-t-il de plus intéressant, au point de vue chimique, que le crâne dans lequel se presse une masse gazeuse, assez intense, pour ne pouvoir s'échapper par ses débouchés naturels ?

Par les artères et les pores que la Nature lui a pourtant octroyés dans ce but et qui ont, sans doute, été obstrués par une cause toute fortuite et passagère assurément !

Un bon bloc de glace, liquéfiant ce contenu gazeux, le réduira à son plus simple volume !

Le cerveau, soulagé, sera bien au frais !

Le malade, ravi, se sentira léger à voler, quel que soit son culte.

Il éprouvera un bien-être extraordinaire et semblable à celui que ressent un individu à la veille d'une grave maladie...

. . . .

De tout ceci, on doit conclure que la Science est véritablement pratique et, surtout, simplificative en ses façons d'opérer.

Traiter le chaud par le froid est simple et rationnel.

Et, quelques morceaux de glace hygiénique disposés, par exemple, sur un poêle trop ardent modèreront très certainement son ardeur.

Sans autre dommage, du reste, que les insignifiantes déchirures de fonte qui pourraient se produire!

Nous avons, également, ouï dire qu'un peu de glace parfumée, absorbée sous forme d'entremets, était excellent pour faciliter les digestions laborieuses!

Cela provoque, paraît-il, une réaction bienfaisante!

Pour qui?

Dans l'attente d'une réponse, nous reprendrons notre théorie du courant d'air.

. . . .

Nous disions que la nomenclature des maladies et épizooties de nos animaux domestiques est aussi complexe, savante et importante que la nôtre.

Et que leurs crêches sont généralement pourvues d'ouvertures, prodiguées avec une largesse que nous nous félicitons de pouvoir constater.

Il y a, en outre, économie de moellons...

Cela procure aussi une clarté nécessaire, assurément, parmi laquelle exultent des mouches et autres insectes, compagnons caressants de notre bétail ravi et piétinant de satisfaction!

Quelle erreur de supposer que tous ces vivifiants vents coulis puissent être les causes des maladies ou épidémies canines, chevalines, bovines, porcines, etc.

C'est bien plutôt la rosée, la terre fraîche sur laquelle se couchent, sans discernement, les animaux en pacage qui procurent à ceux-ci les maux innombrables qu'ils transmettent, en d'autres moments, à leurs compagnons mieux logés évidemment !

La rage, chez les chiens ou les chats, a-t-elle réellement sa cause dans les courants d'air ?

Cela paraît bien invraisemblable, et nous croyons plutôt à quelque accès de mauvaise humeur non dissimulée !

Les chevaux ?

Il y en a dont le pus se porte en masse sur un organe quelconque...

Comme chez nous.

Ou bien, il se dissémine dans le corps de ces animaux...

Comme chez nous.

Et, lorsqu'ils sont perclus de douleurs, lorsque leurs articulations sont en partie paralysées, nous ne connaissons pas de spectacle plus comique, de tableau plus réjouissant que lorsque nous les voyons trotter tout d'une pièce !

C'est à croire que leurs sabots sont ferrés avec de la gutta-percha.

Il existe une Société protectrice des animaux à laquelle nous signalons ces faits, et la prions de bien vouloir enquêter directement sur leur cause première...

C'est-à-dire, en surveillant rigoureusement le mode d'aération pratiqué dans les étables ou écuries.

Nous ne connaissons pas de meilleur moyen pour provoquer une Assemblée extraordinaire des vétérinaires, et en savoir le nombre approximatif.

Car on s'assemble toujours pour la défense des intérêts communs.

Les dentistes ?

Nous ne connaissons aucun moyen efficace d'évaluer leur quantité !

. . . .

Or donc.

Si par hasard, ou par une cause improbable que rien ne fait actuellement prévoir, l'intellect humain parvenait à comprendre et à bannir les courants d'air, il est frémissable de penser aux multitudes d'Esculapes et dérivés qui se trouveraient sans emploi.

Quelques-uns, tout au plus, seraient-ils nécessaires.

Car les naissances ne sont laborieuses, généralement, que par les suites de la cause en question.

Car les membres rompus ne le sont, bien souvent, que par les effets répercutés de la même cause, toujours !

Le pus se divisant, se multipliant, agissant enfin de toutes façons, attaque la structure des os ; l'homogénéité de la moelle, aussi bien qu'une articulation ou un organe quelconque.

Il se sent étranger à notre organisation, mais il se sent maître de notre vitalité.

Il a même rôle que le peuple hébreu.

Directement ou par hérédité, l'obésité est provoquée par l'instinct défensif, tentant de protéger, de capitonner l'ensemble chez l'homme et chez les animaux domestiques.

Nous avons dit : l'obésité.

Cela ne doit pas être connu en forêts vierges !

Pas plus, du reste, que maladies ou épizooties...

Disons encore :

Les navires, presque toujours malpropres, n'engendrent la peste qu'avec l'aide des courants d'air particulièrement contaminés qui s'appellent par les hublots ouverts de tous côtés à la fois.

Aux médecins, nous dirons enfin :

Nous comprenons fort bien qu'il n'est pas de votre intérêt de prêcher la suppression du courant d'air,

Les juges ne prêchent pas la vertu sur les places publiques.

Mais vous devriez du moins, avoir quelque souci de l'altération des visages humains pris dans leur ensemble.

Vous ne voyez donc pas que ces visages deviennent et deviendront de plus en plus émaciés ou boursouflés ; gravés ou couturés ?

Vous ne voyez donc pas que notre dentition, si nécessaire, cependant, est affectée, détruite de plus en plus ?

Combien d'individus pourraient présenter leur dentition complètement saine ?

Un sur dix mille, ou point, peut-être...

Mais c'est fou, c'est burlesque !!

Notre dentition actuelle déjà quelque peu carnivore est nouvelle, puisque l'enfant rejette une partie de la fructivore qui persiste encore chez notre espèce.

Elles ont donc besoin de soins préventifs et constants, nos perles, fausses souvent, si délaissées, si négligées ou si maltraitées.

Et les maladies du nez, de la gorge, des oreilles, etc.?

Lorsqu'un enfant — ils sont nombreux — ne peut aspirer du nez, par suite d'une conformation défectueuse de cet organe; et produite, naturellement, par notre même cause, héréditaire ou non, il aspire par la gorge.

L'instinct défensif alors tente de garantir l'entrée des bronches contre les poussières irritantes qui pourraient, peu à peu, affecter les poumons.

Il le tente en développant outre mesure et trop hâtivement les amygdales.

Hâtivement, parce que le danger est trop immédiat chez un enfant dont l'appareil pulmonaire, de ce fait, ne saurait se développer normalement.

Vous vous empressez alors d'enlever, de couper ces chairs protectrices, sans même, bien souvent, raisonner sur leur véritable raison d'être.

Ces amygdales, dites-vous, pourraient se congestionner par l'effet d'une cause quelconque ?

Oh ! toujours la même...

Et, ensuite, étouffer leur propriétaire ?

Mais, Christe, vous voyez donc bien que la filière des maladies a des ramifications, des complications ou complexités plus nombreuses que vous !

Cette filière et ses ramifications, encore une fois, ont leur origine dans les effets multiples des courants d'air.

Nous vous le disons !

Nous vous le chantons ! !

Nous vous le cornons ! ! !

Ne vous sentez-vous donc pas le courage de vous dévouer, de sacrifier la plus grande et inutile partie de votre corporation au salut de notre Humanité ?

Vous ne sauriez point, dites-vous, quel

moyen pratique employer pour accomplir totalement ce sacrifice?

Soignez-vous les uns les autres.

. . . .

LETTRE AUX CORPS SAVANTS

Voici la lettre que nous devrions adresser aux principales Académies scientifiques du Monde terrestre...

Nous nous permettons de vous offrir le moyen de faire vivre la plupart de vos sciences, généralement mort-nées.

Veuillez vous procurer chez les principaux libraires, l'ouvrage intitulé : *L'Humanité chez elle et chez Dieu.*

Vous y trouverez le nom de la matière, une et indivisible, constituant l'Univers.

Ce sera la base, indestructible, sur laquelle pourront se superposer, en équilibre stable, les marches de l'immense escalier-spirale qui vous élèveront vers l'Idéal scientifique.

Nous avons déjà construit, et pouvons détruire dès à présent...

Quel est le principal et toujours même vice de construction, qui fait, si souvent, tomber en ruines vos édifices scientifiques à peine commencés ?

C'est la manie du nombre.

Cette manie est une maladie.

Nous en sommes tous, individuellement, plus ou moins atteints.

Mais la Science humaine peut et doit s'en guérir.

Dans notre jeune âge, cette Science nous disait que l'air atmosphérique était composé de trois corps.

L'oxygène, l'hydrogène et l'azote.

Dans notre présent âge mûr, cette même Science nous déclare qu'il n'est plus composé que de deux corps.

L'oxygène et l'azote.

L'hydrogène en serait exclu comme quantité trop infinitésimale.

Ce ne serait plus qu'un peu de crème dans un potage purée.

Nous espérons vivre assez longtemps pour entendre affirmer, enfin, que l'air n'est plus composé que d'un seul corps.

L'Air.

On pourra ensuite lui appliquer les surnoms de « oxygène », de « éther » suivant sa densité ou sa dilatation.

Mais, le mieux, croyons-nous, sera de le nommer simplement par son nom.

Du reste, l'industrie des appareils de précision fabriquera des compteurs perfectionnés qui le diviseront en degrés de densité.

. . . .

Vous avez découvert, dans la nature superficielle de notre planète, trois règnes principaux.

Le minéral, le végétal et l'animal.

Comment espérez-vous provoquer une

sérieuse compréhension de la nature avec des points de repère définis d'une manière aussi vague.

Procurez-vous l'ouvrage que nous vous avons indiqué.

Vous serez, alors, bien convaincus que tout vit dans l'Univers.

Que tout se meut sans arrêt; se transforme sans cesse; éternellement.

Oh! nous vous entendons...

Vous ne nous avez pas attendu pour apprendre une vérité connue depuis des temps immémoriaux...

Depuis des temps séculaires...

Des temps préhistoriques, et plus encore...

Mais alors, faites donc émaner vos diverses branches scientifiques, non pas du tronc; non pas de la sève; non pas du terrain...

Mais de l'Air.

Source universelle qui a créé l'eau, la terre, la sève et le tronc.

Nous n'ignorons pas que des points de repère sont nécessaires en matière scientifique, comme en toutes choses, afin de jalonner notre entendement — déjà si limité, cependant...

Mais n'en faites pas autant de points de départ.

Car, ils n'engendrent que des erreurs aussi comiques que grossières, comme, par exemple, les théories qui ont été émises sur les limites définies des espèces animales ! !

. . . .

Où finit le végétal ?

Où commence l'animal?

Il est à remarquer que tout ce que vous avez considéré comme animal, jusqu'à présent, ne sera plus remis par vous dans le règne végétal !...

Et que tout ce que vous considérez maintenant comme végétal sera, peu à peu, classé dans le règne animal !...

La locomotion ne saurait être un point

absolu de démarcation entre ces deux règnes

Pas plus que leurs mouvements.

Pas plus que leurs constitutions.

La sève du végétal produit du mouvement...

La transpiration, la transformation du minéral ne sont que du mouvement...

Nous ne pouvons refaire, ici, la description théorique des infiniment petits, déjà détaillée suffisamment.

Nous ne pouvons, non plus, passer en revue tous les nombres que vous avez cru pouvoir adopter, pour consolider vos fragiles argumentations...

Les dualismes, les trinités, les quatre éléments, les cinq sens, etc., etc.

Nous ne parlerons que du Temps, que vous avez également divisé en trois parties :

Le Passé, le Présent, l'Avenir.

Sur quoi basez-vous donc cette double affirmation, que le Passé n'existe plus et que l'Avenir n'existe pas encore?

Est-ce réellement du Temps ou Durée dont vous parlez? Ou bien serait-ce du Mouvement, de la Forme?

Le Temps, ou Durée, n'est qu'une conception mythique.

Il n'existe pas plus, pour le raisonnement, que le Vide ou Néant.

Ce ne peut donc être que le Mouvement que vous mettez en cause?

Le Mouvement n'est pas matériel par lui-même, il est vrai, mais c'est une vitalité matérielle.

Donc, si oui, nous vous tenons et ne vous lâcherons plus...

Et nous commençons par vous dire que le Mouvement, quoique immatériel, ne se perd point!

Il se répète, il se disperse, il se transforme à l'infini, mais il ne se perd point, il ne meurt point, il ne va point au Néant...

Rien ne va au Néant et rien n'en vient, puisqu'il n'existe pas!

Le geste de Bonaparte montrant les Pyramides à ses troupes, existe encore...

Il existera toujours!

Il a bien d'abord exercé une pression, une poussée dans notre atmosphère, ce bras déployé?

Et, puisque l'Espace est empli, le Vide n'existant pas, cette pression s'est bien transmise, propagée, répercutée à l'infini?

Vous dites qu'elle a été annihilée?

Vous en êtes encore à dire, ou même à supposer que quelque chose peut être annihilé, anéanti dans l'Univers?...

Transformé : oui.

Anéanti : non.

Si cette poussée, cette foulée aérienne, imprimée par ce bras, a été projetée contre les Pyramides, elle a été détruite et dispersée en des myriades de particules....

Et chacune de ces particules a représenté ou contenu l'image, la reproduction minuscule du bras de Bonaparte montrant les Pyramides.

Les mêmes formes se reproduisent dans le petit comme dans le grand.

Et vice versa.

Les plus infimes petitesses que nous puissions concevoir sont incommensurables dans un Univers sans Vide !

Tous nos mouvements, donc, sont ainsi projetés dans l'Espace, photographiquement.

Car la photographie n'est que le recel effectué par un obstacle approprié à recevoir les chocs atomiques d'une translation matérielle.

Et même spirituelle, car la pensée peut se photographier !

Elle n'est qu'une matière — pour nous, fluidique — composée comme matières quelconques de peuples animalcules !

La lumière n'existe pas...

Et cependant, le plus infime mouvement esquissé dans le fond noir d'une caverne ou d'un souterrain se reproduit et ne s'évanouit jamais !

Ne nous demandez pas si l'Univers est assez grand pour loger tous les mouvements passés et futurs...

Puisqu'il est infini ! !

Du reste, nous n'inventons rien, à ce sujet, car des penseurs ont dit :

Dieu est un Esprit éternel, infini, tout-puissant, qui voit tout, entend tout, et a fait toutes choses de rien.

Sont-ce les derniers mots qui provoquent votre incrédulité?

Faire Toutes Choses avec Rien ?

Mais cela ne veut pas, ne prétend pas dire :

Faire Toutes Choses avec du néant...

Nous ne savons si le ou les auteurs de cette Phrase unique ont été mystérieux à dessein.

Mais, personnellement, nous comprenons parfaitement que Tout peut se créer avec Rien !

Il n'y a là aucun jeu de mots à double entente, ce qui, du reste, aurait mal cadré une définition aussi transcendante.

Nous nous expliquons :

D'abord, il est bien acquis que le Vide n'existe pas et ne saurait exister.....

Donc, l'Univers est un empli éternel et un compact absolu.

Ensuite, il est tout aussi bien acquis que cet Univers n'a point de bornes, point de limites.....

Donc, toutes choses peuvent s'y créer, y trouver place, car, quelle serait la chose qui ne trouverait pas place dans un Univers illimité, infini?

Maintenant, si l'Univers est empli, il l'est bien par de la matière, qu'elle soit fluide ou massive?

Que ce soit de l'esprit ou de la pierre?

Que ce soit de l'éther ou du métal?

Donc, à cet Univers empli sans cesse, et infini toujours, peut s'appliquer le mot — Rien.

Car, pour qu'il existât quelque chose, par rapport à lui, il faudrait, tout au moins, un peu de néant, un peu de vide, ne serait-il, comme volume, que d'un millimètre cube, ou moins encore.

Alors, et seulement, ce vide serait « quelque chose » par rapport à la matière éternelle.

Ce vide serait encore « quelque chose », parce qu'il serait immuable et limité pour toujours!

Il resterait ainsi et pour toujours, nous le répétons.....

Car, aucune matière ne parviendrait à le combler, à modifier ses frontières ou les franchir.

Sa forme ne saurait précéder la matière!

Un boulet de canon ne pourrait le « remuer », le « détruire », « l'anéantir » !

Il serait fixe, ce serait le point central de l'Univers!

Il ne pourrait être, même tel quel, emporté dans le mouvement général!

Ce serait la Force de résistance infinie !

Ce serait la Force d'inertie infinie!

Cela n'existe pas, et ne peut exister.

Mais le Passé existe, puisqu'on pourrait remonter matériellement la filière des faits présents, dans leurs manifestations précédentes.

Dans leurs mouvements disparus.

Dans leurs transformations microscopiques ou télescopiques et que l'on suivrait à la piste, pour ainsi dire.....

Et cela, éternellement !

Oh ! qu'il est beau, splendide, glorieux, sublime, étourdissant, affolant, l'Infini-Dieu que l'on parvient à comprendre, même fugitivement.....

Mais que cela doit se payer cher !

Et qu'il était prophète, philosophe et divin, Celui qui disait :

Heureux les pauvres d'esprit, car le royaume des cieux leur appartient.

Et encore :

Celui qui s'est élevé sera abaissé.

Car il en est de notre intelligence comme de notre corps, et l'on ne peut excéder sans préjudice pour elles nos facultés intellectuelles ou physiques.

. . . .

Nous avons donc conclu que le Passé et le Présent ne font qu'un.

Nous disons maintenant : le Passé, le Présent et l'Avenir ne font qu'un.

L'Avenir est tout aussi facile à descendre que le Passé à remonter ou *vice versa*.

Il existe tout aussi bien que le Passé.

Il est tout aussi facile à comprendre.

Nous ne relaterons pas, dans ce présent ouvrage, tous les faits pouvant s'y établir en preuves.

Nous vous indiquerons, seulement, une faculté commune à n'importe lequel de vos trois règnes terrestres.

Animal, végétal et même minéral.

En ce qui concerne l'espèce humaine, cela se nomme Pressentiment ou Prescience.

Il y a même dissemblance entre ces deux mots qu'entre ceux d'Instinct et de Raison.

Le premier est seulement intuitif Le second est déductif.

Or donc, le chien hurlant à la mort perçoit déjà des émanations cadavériques.....

Mais ce n'est point un pressentiment.

C'est une translation matérielle déjà en marche dont le chien s'assimile, s'approprie une partie.

Sans détailler les phases préalables du Pressentiment, quel est donc celui d'entre nous qui n'en a pas eu dans le cours de son existence?

Et le Pressentiment, au sens strict du mot, se réalise toujours.

Nous allons en présenter un exemple:

. . . .

Notre frère que nous aimons tendrement et qui nous affectionne beaucoup habite New-York.

Nous habitons Paris.

Notre frère tombe gravement malade.

Nous l'ignorons.

Il a conscience de sa mort prochaine et sa pensée va constamment vers nous.

Elle nous cherche, elle nous trouve.....

Elle heurte, elle télescope notre propre pensée.....

Surtout pendant notre sommeil !

Ainsi que nous l'avons dit précédemment, la pensée n'est qu'une matière fluide dont une partie, plus éthérée encore, franchit l'Espace avec une rapidité supérieure à celle de la Lumière, ou émanations astrales.

Sa pensée, donc, s'amalgamant avec la nôtre, nous enveloppera, attendra que nous pensions à lui à notre tour.

Elle provoquera même notre souvenir.

Elle s'insinuera dans nos songes.

Et le heurt suprême se produira :

Choc douloureux d'électricité plaintive.

Ce sera le Pressentiment.

Et si nous avons eu, déjà, quelques inquiétudes au sujet de la santé de notre frère, notre pressentiment présent nous amènera, par une série de déductions, jusqu'à la Prescience.

La Prescience de sa mort prochaine.

. . . .

Donc l'Avenir existe, car s'il n'existait pas, il serait dans le Néant !

Et nous savons déjà que Rien ne vient du Néant, que Rien n'y va, puisqu'il n'existe pas.

Nous savons aussi que la Constitution universelle est Matérielle, que le Passé est Matériel, puisqu'il existe et existera toujours ....

Puisqu'on peut le remonter, matériellement.....

Puisque tous les Faits passés existent photographiquement dans l'Espace matériel !

D'aucuns séjournent près de notre système planétaire, en marquant la gravitation ou la rotation sur place.

D'aucuns s'enfuient paraboliquement, en d'autres systèmes plus éloignés, plus éthérés! Peut-être plus purs, peut-être moins !

S'il se créait, sur notre planète, subitement, un fluide supérieur comme vitesse aux fluides actuels les plus rapides ; il poursuivrait, atteindrait, dépasserait, les uns après les autres, tous les Faits passés, accomplis sur la Terre, et s'enfuyant, tournoyant actuellement, en d'autres empires sidéraux.....

Il verrait, tour à tour, et reproduits matériellement, quoique infiniment fluidiques, les images de Louis XIV, Rome, la Passion du Christ, la Grèce, Moïse, Noé, le Déluge, les Humanités primitives, les grands animaux antédiluviens, etc., etc.

Et tous les faits quelconques, petits ou grands, humbles ou glorieux, généraux ou particuliers, éclairés ou obscurs, sublimes ou ignobles.

De même, nous recevons sur la Terre le choc photographique des événements qui se sont passés, sur d'autres astres, d'autres systèmes, d'autres univers.

Et dont la nature fluidique, cependant, n'a

peut-être pas franchi, mais contourné notre couche atmosphérique.

Du reste, nous ne pourrions pas mieux les distinguer dans leur diffusion, que nous ne saurions retrouver, dans leur dissémination les molécules de nos existences antérieures.

. . . .

Maintenant, direz-vous, quel est donc, alors, le rôle de la Volonté ?

De notre volonté ?

Oh ! c'est bien simple...

L'Univers est un Mouvement forcé, obligatoire de par sa nature d'infini.....

Notre volonté est donc liée au mouvement et ne pourrait créer de l'inertie !

Notre volonté future existe comme celle présente ; matériellement pour ainsi dire.....

Car elle est inséparable du Mouvement qui est inséparable de la Matière éternellement mobile.

A quoi bon, direz-vous encore, à quoi bon

faire le bien, se sacrifier, si nos actes futurs existent déjà?

La question est puérile.

Cependant nous dirons :

L'Univers est une Déduction éternelle, et si, à propos de notre raisonnement, vous nous dites cela, c'est que, ce raisonnement devant se faire, votre riposte devait se produire.

Votre riposte existait lorsque notre livre n'était que conçu.

Elle existait lorsqu'il n'était pas conçu.

Elle existait au temps de Gutemberg.

Elle existait avant...

. . . .

Mais, direz-vous enfin, si l'Avenir existait effectivement, cela démontrerait un Univers limité, borné, entre les frontières duquel se déroulerait tout un système de mouvements, combinés préalablement.

Cette deuxième observation est aussi puérile, dans le fond, que la première, quoiqu'ayant une apparence plus subtile.

D'abord, un système de mouvements combinés, un système d'horlogerie sidérale exigerait un créateur ; Dieu personnel ou horloger !

Et nous savons que le Vide n'existe pas dans l'Univers, ni hors l'Univers !

Un Dieu personnel serait donc obligatoirement matériel, comme notre pensée...

Il serait donc composé lui-même, d'animalcules, tout comme notre propre pensée.

Fort bien. Mais, alors, comment le concevoir, personnel, et hors de son Univers?

Tout cela est si franchement indigent, que nous sommes surpris de l'attention qu'ont apportée certains philosophes à une telle théorie !

. . . .

Or donc, vos principales objections, provoquées par notre affirmation, sont celles-ci :

Volonté subordonnée.

Univers limité.

En ce qui concerne la première, nous avons vu qu'elle est toute superficielle.

Quant à la seconde, nous vous demanderons si vous comprenez l'infiniment grand ; ainsi que l'infiniment petit ?

Si oui, vous comprendrez tout aussi bien l'existence embryonnaire des faits à venir !

Nous dirons toutefois ceci :

Il n'est pas obligatoire, pour notre entendement, de croire à l'existence des faits devant survenir dans cent mille siècles...

Les reculs, les marées et fluctuations sont de rigueur dans un Elément infini, dans un Océan sans bords, dans un Univers sans vide !

Il doit y avoir des stades...

Des périodes de transformation, des lignes de démarcation provisoire.

Comme nous avons nos stades, nos périodes, dans la fatigue, dans le sommeil, dans le tronc des arbres, dans l'écorce terrestre, etc.

Mais ces stades universels sont forcément irréguliers, de par l'infini.

D'autre part, les plus courts durent peut-être cent mille siècles, pour notre seule région céleste.

Les faits à venir existeraient donc en un stade universel suffisamment appréciable pour notre entendement !

. . . .

Nous ne parlerons pas des transformations élémentaires, car nous en voyons assez sur notre planète pour croire en de plus extraordinaires encore !

Nous ne parlerons pas des pesanteurs...

Ni de leur influence dans l'Univers.

Par la simple, très simple raison, que le « poids » n'existe pas !

Il n'y a pas de poids dans l'Univers.

Il n'y a que des gravitations plus ou moins courbes de molécules...

Il n'y a que des rotations plus ou moins rapides de particules...

Il n'y a que des translations plus ou moins fluides, plus ou moins matérielles d'atomes...

Il n'y a que des attractions plus ou moins cohésives de corps quelconques...

Il n'y a pas de poids.

La Terre ne pèse rien!

L'Univers ne pèse rien!!

Le corps d'un colosse forain ne pèse pas plus que l'intellect contenu dans vos Académies scientifiques.

Il ne pèse rien.

THÉORIE DE DIEU

La plus parfaite, la plus complète définition de Dieu se trouve dans le catéchisme chrétien.

Elle est superbe, grandiose, d'une ampleur absolument divine.

Elle forme pour la religion chrétienne une base inébranlable et indestructible.

Autant, naturellement, que peuvent être indestructibles les choses les plus durables, et dans cet ordre d'idées.

Cette définition est peu, ou pas comprise, dans sa forme brève et mystique.

Nous essayons de la traduire, ici, sous une forme paradoxale qui ne sera pas comparable à la concision chrétienne, même dans notre amplification.

Seulement, nous donnerons à Dieu une base unique et tangible pour nous : l'Air.

Ainsi que nous l'avons décrit, l'Air est la seule base, la base une, la base indivisible de l'Univers.

Ce n'est pas un corps attribuable à la Terre, ainsi qu'on le croit encore de nos jours !

Cette croyance est fantastique, lorsqu'on la met en regard d'autres branches scientifiques...

Comment pareille erreur persiste-t-elle encore ?

S'il est vrai que les plus grands esprits commettent les plus grosses sottises, l'homme savant est vraiment spirituel.

. . . .

Nous avons dit :

La Terre n'est qu'un animal, les astres ne sont que des animaux.

Nous avons dit encore :

L'Air est la base constitutive de l'Univers.

Ces deux Vérités nouvelles seront les deux principaux points de départ d'une nouvelle Science humaine !

Le Transformisme sera leur trait d'union !

Or donc, nous le répétons, l'Air est la seule Matière absolument une et indivisible dans sa pureté.

Nous disons : Dans sa pureté, son homogénéité.

Dans son absence de particules gravitantes.

De molécules rotatives.

Il peut se dilater à l'infini, sans créer le vide en lui,

Il peut se condenser à l'infini sans créer le vide hors lui.

Nous allons maintenant chercher et trouver Dieu en procédant par formules plus précises.

. . . .

L'Univers est substantiel, comme nature, parce que le Vide ne saurait exister en lui.

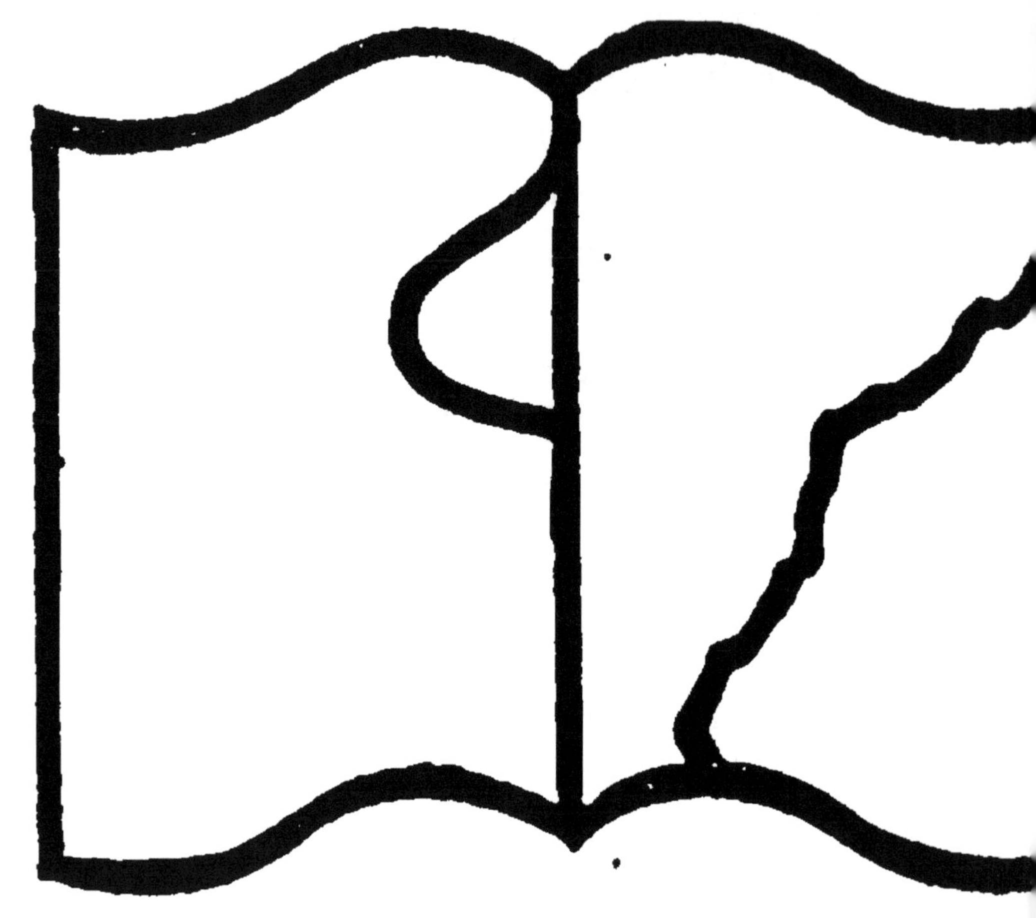

L'Univers est infini, comme étendue, que le Vide ne saurait exister hors lui.

L'Air pur est la substance universell et indivisible dans sa pureté, c'est-à-dir composé de particules comme les corps forme.

Dans la formation, la création des l'Air ne peut se transformer, tout d'a qu'en spirales ou tourbillons...

Puis en noyaux, se multipliant en my d'autres noyaux; génériques à leur to

Tous corps formés par lui sont cor d'atomes dont la quantité est infinie...

Nous disons infinie.

Lesquels gravitent, les uns auto autres, animés, individuellement, de ments rotatifs plus ou moins accentué

Ne se touchant, ne se soudant jama leurs gravitations infinitésimales!...

Dans leurs ténuités infinies...

Leurs particules, de plus en plus baignant toujours dans l'Air pur, de plus dilaté, de plus en plus fluide, de plus en plus éthéré...

Plus éthéré, plus spiritualisé encore, naturellement que les atomes ou particules d'atomes qu'il sépare!

Les corps formés par l'Air pur sont susceptibles également d'une dilatation infinie.

Les corps formés par l'Air pur sont susceptibles également d'une condensation infinie.

La Terre peut se condenser jusqu'au volume d'une tête d'épingle, et plus encore, et toujours plus, en se convertissant d'abord, et de nouveau en Air pur...

Une tête d'épingle peut se dilater jusqu'au volume de la Terre, et plus encore, et toujours plus, en se convertissant d'abord, et de nouveau, en Air pur...

. . . .

Donc, l'Esprit n'est que de la Matière dilatée!

Donc, la Matière n'est que de l'Esprit condensé!

Donc, la Substance universelle, l'Air pur, peut se nommer indistinctement Esprit ou Matière, suivant sa dilatation ou sa condensation, par rapport à notre densité propre.

Il ne reste donc, en définitive, qu'un élément créateur, une genèse universelle.

L'Air pur!

Créateur forcé de par sa mobilité!

Mobilité obligatoire de par l'Etendue infinie!!

Et cela se nomme Dieu...

Nous sommes donc des émanations, des conceptions, des créations de Dieu.

Et si nous pensons dans notre Moi, il est probable que Dieu pense dans son Tout?

Et s'il pense dans son Tout, il pense toutes choses?

Et, s'il pense toutes choses, il les crée forcément, puisque sa pensée est substantielle!

Et, s'il les crée, il les crée forcément avec

rien, puisqu'il les crée de lui-même, de sa substance.

Donc, il n'existe rien que... Dieu.

Théologie et Panthéisme ne font qu'un..

Dieu.

LA COULEUR BLANCHE

Nous avons dit précédemment que la couleur verte des végétaux provenait, pour notre vue, de l'amalgame des diverses rotations effectuées par les molécules bleues de notre atmosphère, avec les nuances rousses de ces végétaux absorbant l'air atmosphérique en quantité.

De même que la couleur verte, de même que toutes autres, la couleur blanche ne se présente telle à notre vue que par les genres de rotation et les systèmes de gravitation adoptés par ses particules atomiques.

Mais la vitesse des rotations moléculaires est plus accentuée dans la couleur blanche que dans toute autre couleur.

La couleur blanche repousse même les molécules de l'or solaire, tout aussi bien que celles d'une lumière quelconque.

Nous présentons un exemple, en rappelant, toutefois, que la Lumière n'est qu'une émanation provenant d'un corps, non pas radiant par lui-même, mais irradiant nos propres émanations, excitant nos propres sens.

. . . .

Or donc...

Il a été inventé il y a quelque vingt ou trente ans, un appareil physico-chimique auquel on a appliqué le nom de radiomètre.

C'est une sorte de récipient en verre, dans lequel a été fait le vide, autant que possible.

Au bouchon hermétique de cet appareil, a été fixée intérieurement une tige verticale se terminant vers le milieu du récipient.

A cette tige verticale a été suspendue une tige horizontale pouvant tourner sous un axe de révolution.

A chaque extrémité de cette tige horizontale ont été disposées deux ailettes très minces ; blanches pour un côté et noires pour l'autre côté.

Ces ailettes ne se meuvent pas lorsque l'appareil est plongé dans l'obscurité.

Elles ne se meuvent que sous l'influence de la lumière, de l'émanation lumineuse dont la fluidité atomique, traversant les parois de verre exerce une pression sur l'air raréfié.

C'est ce que l'on a supposé, du moins, et avec raison sans doute.

Mais l'on n'a pas compris, tout en constatant le fait, la cause d'après laquelle l'émanation lumineuse a exercé sa pression sur les ailettes noires plutôt que sur les ailettes blanches ?

C'est parce que la vitesse de rotations moléculaires émise par la couleur blanche est de beaucoup supérieure à celle émise par la couleur noire.

Et les ailettes noires, par l'intermédiaire du

peu d'air ambiant, ont reçu le choc en retour des atomes lumineux repoussés par les ailettes blanches.

C'est un fait banal en lui-même, mais impossible à comprendre avec des fausses théories scientifiques.

Et cependant, il se présente de tous côtés, il se manifeste en tous lieux.

C'est le mouvement universel !

Un homme satisfait, par exemple, en impose toujours à un homme inquiet, malgré la supériorité habituelle que pourrait avoir ce dernier, intellectuellement et physiquement.

Le premier, gonflé d'importance, distribue généreusement ses émanations.

Le second, craintivement, les retient.

L'homme ou l'animal qui, par crainte, par peur, retient ses fluides, qui les retire pour ainsi dire de la circulation, attire vers lui les fluides d'un autre congénère ou simili congénère, n'ayant pas les mêmes inquiétudes ou les mêmes appréhensions.

C'est le cas du mendiant inconnu d'un chien dont il provoque cependant les aboiement ou les attaques.

C'est le cas du malfaiteur qui évite les regards, et, de ce fait, provoque l'attention.

C'est le cas de l'assassin revenant vers sa victime qui l'attire, quoique morte, dans le courroux rétrospectif de ses émanations.

L'homme qui retient sa respiration retient ses fluides.

Quant à la couleur blanche, nous nous proposons d'en continuer la théorie dans un autre ouvrage, quoique couleurs et ombres n'appartiennent, en réalité, qu'aux domaines mythologiques !

Disons, cependant, que les couleurs terminent toujours leur existence dans le blanc...

REPAS TERRESTRE

Il y a deux cent cinquante siècles, environ, vivait autour du pôle arctique, la brune espèce humaine qui fut en partie anéantie, vers cette époque, par l'émanation gazeuse d'un météore, lequel fut précipité en plein centre du pôle même.

Ce dernier, inabordable jusqu'à lointaine distance, à cause de l'étouffante et humide chaleur en permanence dans son voisinage, présentait à proximité de l'axe terrestre un relief montagneux en forme de cratère et environné par une quantité d'autres reliefs plus petits et offrant une apparence de pustules.

Le cratère ne crachait rien...

Mais, par contre, une avalanche prodigieuse

d'aérolithes s'y précipitait avec une adresse extraordinaire!

Lorsque le météore lui-même fut englouti, le Ciel débarrassé de tous ces matériaux, contempla avec des lueurs de pitié dans ses astres, les restes vivants, mais lamentables, de la brune espèce humaine s'enfuyant parmi les ci-devant luxuriantes campagnes, maintenant dévastées...

Cependant, et le repas terrestre terminé, le cratère s'enfonça, disparut en moins de deux cents siècles.

Son foyer calorique disparu également, la végétation primitive fit place aux frimas...

Et la brune espèce humaine, affolée, s'en retourna vers l'animalité, épointant ses mâchoires dans les interstices des glaçons!

Elle s'est disséminée en partie, et depuis longtemps, sur la surface de notre globe, et si l'ours brun ne se souvient plus, l'ours polaire, taciturne, doit se souvenir encore de ses ancêtres humains...

GLOIRE HUMAINE

Nous nous sommes demandé, quelquefois, si certaines « gloires humaines », grands rois, grands capitaines, grands philosophes ou grands savants méritaient réellement l'admiration de leurs contemporains ou celle de la Postérité.

Nous ne nous plaçons pas à notre point de de vue, car la « Gloire humaine » ne nous apparaît guère que sous un aspect plutôt comique.

Mais nous nous plaçons au point de vue humanitaire.

Prenons, comme sujet, un individu célèbre et qui a été jugé bon pour la Gloire humaine.

Napoléon, par exemple.

Quels sont, psychologiquement, les facteurs probables qui ont le plus contribué à le faire passer à la Postérité?

Nous ne présentons cette question qu'en ce qui concerne ses mérites personnels et non les événements indirects qui ont facilité son élévation.

Il possédait la mémoire des noms et des physionomies au même degré, naturellement, que ses compatriotes de l'île de Corse et s'en servait fréquemment pour appeler par son nom quelque soldat; quelque officier subalterne; quelque sentinelle ébahie, dont la fidélité, ainsi flattée, était, par la suite, exagérée jusqu'au fanatisme.

Ce petit fait, répété souvent et varié sans cesse, devait lui constituer une popularité. Et la courte vue républicaine n'a pu empêcher cette popularité d'escalader un trône!

Le port droit du buste, assez général dans l'île de Corse, où les femmes du peuple portent leurs charges sur la tête, a été, certainement, un facteur qui a contribué à la tâche impériale.

La stabilité d'un accoutrement et autres détails, secondaires en apparence, ont, avec la niaiserie des foules, participé à la confection de cette « Gloire humaine » dont le titulaire avait su, toutefois, combiner des qualités constitutionnelles avec des audaces d'aventurier, et profiter de l'hébêtement d'un peuple ayant « égorgé » sa monarchie.

L'HUMANITÉ ANDROGYNE

Vers quelle époque a existé l'Humanité an-drogyne et quelle a été la durée de son existence ?!

En ce qui concerne la transformation deux sexes de l'Humanité androgyne, l'Humanité primitive, elle a dû être le po de départ de la dualité qui existe actuellem chez presque toutes les races animales vivent sur la surface terrestre...

Nous n'avons pas à rechercher ici — ce serait difficile, — si c'est par badinage ou secours mutuel que le dualisme procréateu commencé de s'implanter dans les mœurs la race androgyne.

Mais le résultat, c'est-à-dire la dualité

depuis longtemps, un fait accompli définitivement.

Il faut considérer, cependant, que tout atavisme peut rester à l'état latent plusieurs milliers de siècles, peut-être, et qu'il pourrait se produire encore quelque type de cette Humanité disparue.

Mais ce ne serait, probablement, qu'une monstruosité exceptionnelle, impuissante à la reproduction.

Il paraît certain, toutefois, que notre Humanité mutuelle possède encore, indépendamment des seins atrophiés des mâles, quelques signes physiologiques rappelant une race dont chaque individu possédait les deux sexes et se reproduisait isolément.

Cependant, et quoique la transformation humaine apparaisse assez évidente, la dualité chez les animaux serait moins compréhensible avec la supposition d'un début badin ou secourable !

La vérité est, que la plupart des animaux

actuels ne proviennent que d'humanités dualistes déchues et retournées à des animalités de plus en plus diverses et de plus en plus transformées !...

NOTRE CERVEAU

Les erreurs engendrent les erreurs.

D'où l'état lamentable de la Science humaine actuelle.

Chaque individu de notre espèce se croit propriétaire de ses pensées ; s'en croit le Créateur !

C'est une profonde erreur !

Notre cerveau n'est simplement qu'une pompe aspirante et refoulante...

Un réceptacle ; une complication de méandres parmi lesquels s'imprime fugitivement la véritable matière spirituelle qu'il aspire comme l'éponge aspire l'eau ; comme le poumon aspire l'air.

Notre esprit ne nous appartient pas !

L'esprit est ambiant ; latent ; mouvant ; infini ; éternel.

C'est l'infiniment petit qui passe, fuit et revient.

Ce sont des fluides suprêmes qui s'introduisent dans nos cellules cervicales — comme les pigeons dans celles d'un pigeonnier — et en sortent de même !

Nous en reparlerons.

INSTINCTS OFFENSIFS & DÉFENSIFS

Le raisonnement humain n'est qu'un instinct dénaturé.

L'instinct naturel est divin.

Qu'est-ce que l'instinct offensif?

Qu'est-ce que l'instinct défensif?

La vipère, que l'homme a souvent écrasée du talon, a élaboré ataviquement, et peu à peu, son venin par instinct offensif plutôt que par instinct défensif.

Mais où l'instinct absolument défensif s'est réellement manifesté, c'est lorsque la vitalité générale de la vipère a dû se défendre contre les dangers provoqués par le voisinage de son propre venin.

Elle a imprégné ses chairs d'un véritable

antidote et le remède qui consiste à frotter une piqûre de cet animal avec sa chair fraîche a été trouvé, si ce n'est pas un hasard, vers une époque où le cerveau humain comprenait la Nature ainsi que son éternel antagonisme et son indécision perpétuelle dont un actuel type du règne animal, le Kanguroo, offre une image saisissante !

CRITIQUES ADVERSES

La critique est aisée et l'art est difficile.

Cette phrase n'est, souvent, que la simple boutade du savant pris en défaut.

Et nous répondrons simplement, en présentant notre réponse sous cette question.

Qu'est-ce que la science?

C'est une conviction basée sur l'illusion.

C'est une conviction momentanée, durant juste le temps que les faits expérimentaux accordent aux théories qui les provoquent et les considèrent ensuite comme des preuves.

Tel fait expérimental concordant avec la ou les théories dont il émane est considéré comme un fait acquis après un certain nombre d'épreuves et de preuves apparentes.

Nous ne visons, en ce moment, que les faits se rapportant à la constitution universelle.

Nous n'assimilerons pas à ceux-ci les faits déjà acquis de la mathématique.

Nous disons « déjà acquis », car cette branche scientifique est loin d'avoir poussé toutes ses feuilles.

Elles ne les poussera jamais ; naturellement.

Elle ne trouvera jamais du nombre, le faîte suprême.

Pas plus que sa base infinitésimale.

Elle a pris « un » comme unité, ou plutôt comme point de départ, mais l'unité n'existe pas.

Nous nous expliquerons tout à l'heure à ce sujet.

. . . .

On a dit que les provinces de la mathématique composaient un empire dans lequel régnait toujours la paix.

Nous sommes persuadés, certes, de cette vérité relative.

Et qui sera telle tant que l'humanité calculera avec son cerveau actuel, ou similaire.

Il paraît bien certain que « un » et « un » font « deux ».

Et si cela n'est pas parfait, nous ne voyons guère qu'une formule plus précise puisse remplacer celle déjà émise...

Au point de vue de nos sens, naturellement!

Car au point de vue universel, la mathématique humaine est aussi fausse dans sa logique que les autres branches scientifiques!

— Nous nous sommes attaché, dans cet ouvrage, à critiquer la Science, quoique simple profane; comme le touriste s'attache à critiquer l'architecture d'un monument. —

En ce qui concerne la géométrie, nous n'apprendrions rien à ses adeptes en disant que les différentes lignes que nous percevons, les diverses figures dont nous voyons l'image n'existent que pour nos sens, ou pour les sens analogues d'autres êtres vivant dans notre atmosphère terrestre.

Nous discuterons donc seulement le point de départ de la branche « Arithmétique ».

L'Unité.

. . . .

Or donc :

Il n'y a pas d'unités dans l'univers.

Parce qu'il n'existe aucun objet indépendant, et limité à un dernier degré de petitesse.

Parce qu'il n'existe aucun objet limité à un dernier degré de grandeur.

Complètement indépendant, séparé, neutre.

On ne pourrait dire exactement que l'Univers-Dieu est indépendant et séparé.

Dieu n'est pas « Un » dans le sens absolu de l'Unité.

Il ne connaît même pas ses limites, puisqu'il n'en a point.

Et lorsque nous avons dit que Dieu était « Un », nous avons entendu qu'il était composé d'une seule et même matière, toujours la même.

Mais ce n'est pas « un » objet, « une » chose, « un » Être.

Il n'est pas « Lui » parce qu'il n'est pas un « Tout ».

Car un « Tout » possède une limite.

De même, lorsque nous avons dit que l'Univers était « empli », nous avons entendu qu'une seule et même matière composait cet Univers infini.

Car le mot « empli », au sens strict, signifierait une mesure comblée.

Et l'Univers n'est pas une mesure, un contenant ou un contenu ; parce qu'il est sans niveau, sans limite et sans bord.

. . . .

Nos idées ne seront pas ou seront peu discutées en ce temps-ci !

On se représentera comme leur auteur, un individu atteint de la folie des grandeurs...

Nous ne prétendrons pas que cela nous importe peu.

Car si cela nous importait peu, nous aurions agi très sagement en laissant aux gens de métier le soin d'écrire leurs impressions, bonnes ou mauvaises.

Mais nous savons que, parmi les nouvelles théories émises, celle du « courant d'air » surtout, ne rencontrera jamais de théories rivales la déconsidérant à jamais !!

. . . .

Si le système des ondulations de Descartes, par exemple, a pu déconsidérer le système des émissions de Newton...

Si l'on a pu croire et si l'on croit encore que les translations fluidiques, comme celles de l'éther et de la lumière par exemple, s'opèrent directement par ondulations.

C'est, parce que des faits expérimentaux — toujours — témoignent en apparence en faveur de cette dernière croyance.

Nous ne nions pas les ondulations, puisqu'elles existent.

Nous nions que la translation soit effectuée directement par elles.

Car la translation atomique, la translation fluidique ne s'effectue en réalité que par l'émission directe.

Nous devrions même dire « transmission » et non pas « translation ».

Les mains de deux hommes opèrent, s'approchant pour se serrer affectueusement dans une étreinte, une « translation » à la rigueur.

Mais les fluides de ces deux mains opèreront une « transmission » par l'intermédiaire de cette étreinte.

En réalité, et au point de vue de l'Univers cohésif, il n'y a pas de translations.

La translation d'un corps quelconque ferait supposer un espace, un vide dans lequel cette translation s'effectuerait.

Et nous savons que le Vide n'existe pas.

Nous savons qu'il n'y a pas d'Espace.

Puisque l'Univers est une compacité éternelle dont tous les corps, tous les éléments sont liés fluidiquement !...

. . . .

Or donc,

L'émission est, pour ainsi dire, indépendante de l'ondulation.

Non pas comme un courant marin est indépendant de la vague ou de la marée, car il n'y aurait aucune analogie.

Mais comme transmission directe.

Il y a, dans les effets paraissant provenir de l'ondulation, une coïncidence admise comme une preuve de son effet direct.

Mais le simple et sain raisonnement refuse d'adopter une semblable théorie !

La netteté d'un son perçu ne saurait provenir directement d'une ondulation aérienne, mais d'une émission transmise indépendamment de celle-ci.

Notre cerveau, du reste, est frappé bien avant de pouvoir raisonner la sensation !

Et les plus délicats appareils de précision ne sont créés que d'après nos propres raisonnements provoqués par nos propres sens !...

Qu'une émission-tortue et une ondulation-lièvre parviennent au but en même temps, c'est possible dans certains cas...

Mais Newton avait raison en principe, et des phénomènes nouveaux prouveront très certainement le bien-fondé de sa logique !

. . . .

On nous critiquera sans doute, pour avoir dit que le soleil levant, par ses émanations, « annihilait » l'influence fluidique des astres plus éloignés de nous.

Que ceux-ci, de ce fait, perdaient pour notre vue leur émanation lumineuse.

Et pour avoir déclaré, également, que « rien » ne peut être annihilé dans l'Univers.

Cette critique est puérile quant au fond,

Comme toutes celles, du reste, qui nous seront adressées...

Nous avons dit que le soleil annihilait — l'influence — de plus lointaines émanations astrales,

Qu'il l'annihilait pour nos sens.

Mais — l'influence — n'est pas une substance.

Ce n'est pas une matérialité.

. . . .

On nous critiquera pour avoir dit que le bleu aérien absorbé par la végétation ou du moins par certaines parties de la végétation, nous offrait une nuance verte produite par l'amalgame rotatif de ce bleu aérien avec les nuances crème, roux ou jaune de ces végétaux.

On nous objectera, par exemple, que les cornichons confits dans du vinaigre gardent longtemps leur nuance verte !

Ou bien, que les épinards gardent aussi la leur dans l'eau bouillante, etc. !!

Et que, par conséquent, l'air encombrant leurs tissus devrait fuir devant de telles perspectives !!!

Devons-nous dire encore que l'Air est incolore en réalité ?

Que sa couleur bleue ne nous paraît telle que par l'intermédiaire de l'émanation terrestre ?

Que les couleurs n'existent pas en réalité ?

Que les cornichons ou les épinards ne sont sont pas verts en réalité ?

Mais qu'ils sont incolores également ?

Et que l'air, cohésif en son état pur, s'est transformé en particules rotatives dans le parmi du tissu végétal dont l'aspiration l'a décomposé ?

Mais laissons de côté la réalité, c'est-à-dire l'incolore universel...

Discutons toutes choses d'après les nuances, d'après les couleurs sous lesquelles nous les distinguons.

Et d'abord, est-il obligatoire pour l'air de perdre complètement sa nuance bleue par suite de sa transformation ?

De sa décomposition en noyaux rotatifs ?

De sa désagrégation en particules gravitantes ?

De son évolution, enfin, accomplie dans l'aspiration d'un tissu végétal ?

Il ne la perd pas réellement, puisqu'elle se transforme en verts par sa combinaison avec les roux de ce tissu végétal.

Et, d'autre part, il ne se transforme pas complètement dans ce même cas...

Puisque à l'état pur, cohésif, il entoure toujours, plus ou moins condensé, plus ou moins dilaté, toutes molécules comme tous corps quelconques.

Si, par exemple, toutes les molécules d'un corps accomplissaient subitement, et avec ensemble, une évolution nouvelle, ce corps changerait de couleur.

Mais une diversité dans cette même évolution lui conserverait l'aspect de sa couleur précédente.

L'individu qui fait « demi-tour » change de face !

Mais celui qui accomplit une « pirouette » reprend son premier aspect !!

Cependant tous deux ont fait une évolution...

. . . .

On nous critiquera, moins peut-être, pour avoir dit que les « goûts et couleurs » peuvent se modifier, chez un individu quelconque, avec l'aide du raisonnement.

Et d'abord, qu'est-ce que le goût ?

Le goût n'est encore, et toujours, qu'une disposition momentanée parmi les molécules de notre organisation dégustative et provoquée par un état d'esprit.

Tel individu qui n'aimait pas la bière hier, la digère aujourd'hui et l'enviera demain.

Parce que son sens du goût s'est modifié d'après la modification de sa pensée, de son raisonnement.

C'est le cerveau qui déguste !

C'est également le cerveau qui voit ; c'est lui qui sent ; c'est lui qui entend ; c'est lui qui touche en appréciant à sa façon les contours des objets!

Nous dirons mieux encore en ce qui concerne ce dernier sens...

Car nous ferons observer qu'avec une organisation physique, partant cérébrale, entièrement différente de celle que nous possédons, les objets que nous percevons carrés acquerraient une nouvelle forme pour les sens différents adoptés par notre nouvelle organisation.

Disons encore :

Que notre œil n'a adopté la forme terrestre ou solaire, ou lunaire, etc., que pour la seule satisfaction de les « voir » !

Il serait carré si ces astres étaient carrés!

Et nous dirons encore :

La Forme n'est qu'une illusion!

La Forme n'est pas, parce qu'il n'y a aucun arrêt dans le mouvement universel.

Il n'y a pas de formes dans l'Univers!

. . . .

Nous critiquera-t-on pour avoir dit que les bosses des chameaux, par exemple, n'avaient pas été créées telles quelles par la Nature ?

Mais que leur dorsale s'était cintrée, à travers les siècles, et peu à peu, d'après la forme des différents bâts dont ils avaient dû supporter le chargement ?

Devons-nous discuter également une semblable critique?

Est-il possible qu'en l'état actuel de la physiologie cette théorie ne soit pas adoptée ?

Est-il possible que la longueur inusitée de l'encolure chez la girafe, par exemple, soit encore admise comme une chose absolument naturelle ?

Sans que l'on ait fait intervenir, pour expliquer ce phénomène, le besoin, chez cet animal, d'avoir poussé ses jambes et son col dans la succession de ses générations?

Et cela, parce qu'une nécessité vitale, dont on ignore exactement la cause, peut-être, mais qu'il est pourtant logique d'admettre, l'aura forcé de cueillir sa nourriture à longue distance ou à grande hauteur...

Est-il donc difficile de comprendre qu'un cheval, par exemple, dont le râtelier trop éloigné l'oblige à tendre démesurément le col, produira un rejeton dont l'encolure sera déjà sensiblement plus allongée relativement ?

Et ne voit-on pas qu'un grand nombre de reproductions ne seront même pas nécessaires pour allonger plus visiblement encore cette encolure, si la même nécessité est toujours imposée à chacune de ses reproductions?

Rare est l'animal ou même l'homme ayant la même constitution que celle de son aïeul de cent siècles seulement !

L'aspiration, l'envie, l'appétit, pour ainsi dire, sont déjà des facteurs dans les évolutions animales ou humaines.

— Nous employons ces deux derniers qualificatifs par simple condescendance pour notre espèce. —

Mais la nécessité vitale peut modifier une race animale quelconque, en un temps relativement très court.

Un reptile peut rester reptile mille siècles durant, si l'existence lui est facile.

Un oiseau-mouche peut aboutir à l'éléphant, en ce même temps, s'il se produit pour lui une succession ininterrompue de nécessités tour à tour différentes.

Il ne manque pas d'animaux, certes, nous offrant, actuellement, des signes évidents de modifications par leur ressemblance.

Cheval et mulet, cygne et canard, homme et chimpanzé, etc.

Mais passons...

. . . .

On nous critiquera pour avoir assuré que l'évaporation cérébrale, provenant d'une multitude assemblée et en proie à de violentes émotions, pouvait contribuer à produire des désordres atmosphériques.

Ce qui ferait supposer l'arrêt de ces émanations vers une hauteur relativement faible...

Et pour avoir affirmé, d'autre part, que notre pensée vole, matériellement et d'un seul bond, dans l'Espace incommensurable.

Nous ne comprenons pas cette critique ?...

Pour que nous puissions la comprendre, il faudrait que notre cerveau n'émît qu'une seule et même sorte de fluide, une seule et même nature de fluide.

Mais cela est une impossibilité !

Ou bien, alors, cette seule et même nature fluidique se décomposerait, dans notre cerveau même, en émanations diverses et en différentes vélocités ?...

Admettons-le.

L'effet produit en sera-t-il différent ?

En réalité, notre cerveau ne produit pas une, dix, cent, mille sortes de fluides...

Il en produit une infinité !

Tel fluide cérébral fuit au fond des cieux...

Tel autre se condense vers la limite de notre couche atmosphérique...

Celui-là s'implantera dans le mur d'un logement...

Celui-ci s'infiltrera dans le sol...

Nos fluides corporels agissent de même, quoique plus lentement peut-être, dans leur ensemble.

Les fluides corporels ne sont pas indépendants du cerveau.

Car leur naissance réelle s'effectue dans ce dernier.

Ce n'est pas un corps humain que nous possédons...

C'est un cerveau humain !

C'est le cerveau qui crée le corps, et qui, par ses aspirations diverses et successives, se modifiant de générations en générations, laisse atrophier tels organes physiques, ou donne naissance à de nouveaux.

Nous pourrions même monter encore et dire :

Ce n'est pas un cerveau que nous possédons...

C'est un atome de lumière, ou émanation astrale, égaré sur un atome de limon !

Nous pourrions même monter toujours et dire encore :

Ce n'est pas un atome que nous possédons...

Mais l'infiniment petit l'étant trop pour notre entendement, nous ne saurions l'exprimer en ce Monde... ni en d'autres !

. . . .

Or donc,

Soyons plus terre-à-terre,

Si l'on nous critique de nouveau pour avoir dit que certaines de nos émanations s'implantent quelque temps, ou longtemps même, dans les murs d'un logement...

Nous répondrons :

Cherchez le germe de certaines épidémies.

Cherchez le relent de certains crimes.

Cherchez le parfum de certains souvenirs.

Et si l'on nous critique également pour

avoir dit que certaines de nos émanations s'infiltraient dans le sol.

Nous répondrons :

Empêchez un chien de suivre une piste.

. . . .

Enfin, nous entendons les clameurs soulevées par la plus étrange théorie, peut-être, que nous ayons exposée.

C'est-à-dire :

Que la lumière solaire n'existe pas comme lumière !

Que la chaleur solaire n'existe pas comme chaleur !

Nous avons nié la lumière !

Nier la chaleur solaire pourrait se tolérer peut-être.

Mais la lumière ! la lumière solaire !!

Hé bien, il est de notre conviction, de notre devoir d'écrivain, de mauvais écrivain sans doute, d'avouer bien naïvement, très ingénument que, parmi toutes les théories que nous avons exposées, celle de la lumière solaire et celle de la chaleur solaire ont été présentées le plus franchement, en ce qui concerne leur négation !

Ainsi que celle de toutes autres lumières, du reste.

Nous n'entreprendrons pas, certes, à la fin de ce livre, de détailler toutes les particularités qui pourraient fournir autant d'arguments, autant de preuves en faveur de cette monstruosité paradoxale.

Nous en avons dit, du reste, suffisamment pour déterminer dans quelques esprits un doute, ou tout au moins une curiosité qui fera éclore d'autres théories nouvelles.

Lesquelles provoqueront, à leur tour, la découverte d'autres phénomènes, nouveaux pour notre entendement.

D'autre part, nous espérons réunir une quantité suffisante de matériaux pour en former un ouvrage indépendant, ce qui nous permettra de présenter efficacement la critique de certaines théories actuelles, si nous pouvons atteindre, toutefois, le but que nous nous proposons.

. . . .

Il est bien inutile de nous critiquer, présentement, pour notre théorie des courants d'air!

Car on devrait, préalablement, nommer une délégation choisie parmi l'Académie compétente en langage usuel...

Cette délégation aurait pour mission d'aller consulter le Dictionnaire.

De lui demander s'il aurait l'amabilité de recevoir un hôte de plus...?...

Car le terme « courant d'air » ne signifie rien par lui-même.

Le courant d'un fleuve entraîne un « courant d'air ».

Le vent, entrant par l'unique porte d'un logement sera nommé « courant d'air ».

Mais l'évolution aérienne, génératrice des maladies, est produite, toujours, par deux ou plusieurs courants s'opposant par leurs directions.

On ne peut donc, logiquement, dire « un courant d'air » pour désigner ce genre d'évolution.

Le Dictionnaire est riche en superflu.

Et ses gardiens sont éminents comme éducation.

Voire comme élégance et distinction.

Nous pourrons même ajouter — comme instruction — si toutefois l'instruction doit être assimilée à la faculté d'absorber une certaine quantité de faux principes scientifiques.

Ou bien à celle d'endosser, sans faux plis, une tunique pédagogique.

. . . .

Or donc,

En ce qui concerne notre langue, le nécessaire est trop souvent négligé !

Nous dirons mieux encore :

Non seulement le terme « courant d'air » n'est pas compris partout dans une même signification...

Mais encore, il ne l'est pas comme provoquant les mêmes effets !

Exemple :

Il y a quelques mois nous fîmes une visite au Recteur de l'Académie des sciences expérimentales.

C'était au mois de juillet.

Lorsque le stock des congratulations réciproques fut épuisé, nous commençâmes une conversation sur les expériences de la vie.

L'ayant prié de faire fermer une porte entre-baillée, et faisant presque face à l'embrasure d'une fenêtre ouverte, près de laquelle nous causions, il me questionna avec surprise.

Avez-vous donc froid ?

. . . .

HYPOTHÈSE ÉTERNELLE

Les philosophes ne parviennent pas à extraire de leur cerveau l'une des principales absurdités qui l'encombrent.

Celle de placer la Création universelle dans le Passé.

Cela est illogique, car :

Il a été créé — Il est créé — Il sera créé.

Eternellement...

Ainsi que nous l'avons affirmé, notre cerveau est, tout à la fois, un réceptacle, un filtre, un alambic, une chambre noire.

Il récèle, il épure, il distille, il photographie.

Suivant sa conformation, il happe au passage — bon ou mauvais — l'esprit ambiant, l'idée universelle qui flotte en tous lieux, pénètre les corps et les entoure.

Il s'en imprégne, il prend une copie de ce qui lui convient, mais ne garde pas l'original.

Il baigne dans l'Electricité divine, dont les positif et négatif provoquent sa volonté ou son raisonnement.

Notre cerveau n'est qu'un organe de préhension !

Le père ne transmet pas son esprit à son fils...

Il ne lui transmet que la conformation de son cerveau !

Sauf variations ou exceptions.

De tout cela, il résulte une lenteur et parfois un recul, dont le progrès intellectuel en général et la philosophie en particulier sont les victimes.

Quant à l'Esprit ambiant ; l'Esprit universel ; l'Esprit divin ; nous savons, désormais, de quoi il se compose.

Nous avons indiqué la nature de cet Elément originel, créant, sans cesse, avec l'aide du Mouvement perpétuel !

L'Air-Dieu...

Maintenant, quel ou quels modes de formations ce Fluide simple, infiniment homogène, adopte-t-il dans la Création Première des Corps ?

Il semblerait, tout d'abord, qu'empli éternellement, le Grand Tout dût être figé dans une immobilité absolue, si l'on ne comprenait, vaguement, qu'il est soumis à une agitation continuelle par suite de son Eternel Interminé !

C'est-à-dire qu'il est obligatoire, pour Dieu, de s'agiter avant de se servir, mais comme doit s'agiter une immobilité éternellement mouvante !!

Il n'y a donc plus, dès lors, qu'à imaginer — trouver serait peut-être excessif — quels sont les résultats immédiats de sa première « Dénaturation ».

Lesquels résultats ne sont, probablement,

déterminés que par telles ou telles sortes d'agitation...

De simples et vierges tourbillons aériens peuvent-ils produire de l'Eau ?

— La Terre peut-elle avoir son origine dans l'écume de cette Eau ??

Ces deux éléments — l'Eau et la Terre — représentent-ils les deux premières genèses corporelles ???

Les deux premières manifestation de Dieu ?

Hypothèse éternelle...

Quant au Feu, ce ne peut être qu'une manifestation tardive dans la constitution des corps, et non un élément génésiaque.

De tout ce qui précède, on pourrait tirer la conclusion suivante :

Il n'existe rien...

Car, en supposant fixe l'Air infiniment homogène, éternellement dense, on n'aurait plus en son imagination que le Vide Absolu...

On ne pourrait donc dire, logiquement : — Il existe quelque chose ! —

Nous savons, il est vrai, que l'Air, que Dieu est agité...

Mais par quoi ?...

Par une Mobilité obligatoire arrivant d'un éternel et mythique Infini !

Par un Mouvement perpétuel qui ne saurait prétendre à une existence réelle !!...

Nous croyons inutile d'insister !!!

En outre, il est suffisamment audacieux, pour des humains, de pénétrer chez Dieu, contempler sa demeure, admirer son mobilier, sans pousser l'indiscrétion jusqu'à fouiller dans ses armoires.

EXTRACTION

HISTOIRE D'UN SAVANT, D'UN GENTLEMAN ET D'UN DÉCROTTEUR

C'était un lundi.

Accoudé sur son balcon, en une attitude méditative, l'homme de science baignait sa tête vénérable dans les derniers rayons d'un soleil couchant.

A ce moment, il vit encore le même gentleman s'installer sur le siège du même décrotteur, et, pour la troisième fois dans cette même journée, lui présenter les mêmes pieds.

Voilà un sieur très distingué, pensa fort judicieusement notre savant.

Le lendemain, un mardi, se répéta exactement la même scène.

Il sembla, toutefois, à la science toujours en observation, que le gentleman paraissait exiger une plus forte dose de cirage.

D'après ce fait, fort significatif en lui-même, ce devait être, plutôt, un actionnaire de quelque Société continentale de Brillantine hygiénique.

Le jour suivant, un mercredi, cette fois, de nouveaux faits et gestes, non remarqués jusqu'alors, suffisaient maintenant et sans doute possible, à identifier un inspecteur de police chargé spécialement de surveiller les allées et venues de quelque anarchiste redouté.

Et le siège du décrotteur était un poste d'observation facile.

Le jeudi vit modifier, cependant, ce dernier jugement, car la science, agacée, ne vit plus en cet intrus — était-ce donc lui, l'intrus? — qu'un vulgaire matamore, à l'esprit de petit potentat, s'offrant pour dix centimes le moyen de trôner et régner sur un sujet servile.

Le vendredi ne modifia rien.

Le poisson ou l'omelette n'ayant pas les mêmes propriétés nutritives que la culotte de bœuf, notre savant fut impuissant à acquérir une nouvelle certitude, ou même une simple hypothèse.

Mais il n'en fut pas ainsi du samedi.

Après une continence de vingt-quatre heures, un repas solide doit provoquer une activité cérébrale intense chez un psychologue.

Les bons aliments font les grandes pensées, excitent les idées philanthropiques, et cette apparente manie de décrottage dissimulait, très certainement, la bonté discrète d'une âme généreuse répugnant à l'aumône directe.

Le septième jour — un dimanche — clôtura la semaine.

Le savant était toujours à son observatoire, baignant, cette fois, sa tête vénérable dans les premiers rayons d'un soleil levant.

Le gentleman se faisait décrotter pour la première fois de ce jour.

Le décrotteur décrottait.

En cette belle matinée de printemps, la science bercée par l'envolée des sonneries chômées récapitulait l'ensemble de ses précédentes observations.

A ce moment, le gentleman leva la tête et fixa un instant l'homme aux cinq jugements.

Oh... exclama ce dernier.

Eurêka, ajouta-t-il.

Et, dégringolant ses deux étages il s'en fut droit à l'éternel décrotté.

« Monsieur — lui dit-il — peut-être avez-vous lu l'ouvrage de X Y Z sur l'origine des langues et désirez-vous connaître l'auteur de ce travail que vient de couronner l'Académie des sciences inamovibles ?

« Votre persistance à vous faire décrotter en face de sa demeure me le fait supposer ; avec raison sans doute ? »

« Oh ! non — répondit l'énigmatique personnage en se levant machinalement et lui tendant, par distraction, ses dix centimes — mais j'ai toujours froid aux pieds, et n'ai trouvé que ce seul moyen pour leur procurer quelques heures de chaleur. »

VŒU SUPRÊME

Dans ce présent ouvrage nous avons essayé, trop brièvement il est vrai, d'exposer la vie individuelle des astres.

Nous avons également exposé la cause à laquelle nous devons nos monstruosités physiques et morales.

Enfin, nous avons dévoilé la Nature universelle et sa genèse.

Nous l'avons fait en un langage, trop prosaïque peut-être, mais qui sera, par cela même, plus facilement compris.

. . . .

Endèkasyllabe ou prose hyperbolique
N'auraient pu trouver forme plus symbolique
Pour définir mieux...

L'Abstrait, l'Entité, le Substratum, l'Idée,
La Cosmogonie et la Théodicée,
La Terre et les Cieux.

. . . .

Or donc, et si nous avons bien dit.

Nous désirons, pour notre récompense, et le moment venu, que notre âme, en une lucidité relative, plane, quelques instants tout au moins, auprès de notre Terre aimée.

Qu'elle ne se dissémine point trop rapidement en sa désagrégation, et puisse, dans la dispersion de sa connaissance humaine apercevoir encore, en un songe céleste, les êtres aimés et regrettés perdus dans les sinuosités du vaste épiderme planétaire...

TABLE DES MATIÈRES

DEUXIÈME PARTIE

LYON. — IMP. A. REY, RUE GENTIL, 4 30384

www.ingramcontent.com/pod-product-compliance
Ingram Content Group UK Ltd.
Pitfield, Milton Keynes, MK11 3LW, UK
UKHW020153250726
13967UKWH00003B/1036

9 782012 822931